기독교문서선교회 (Christian Literature Center: 약칭 CLC)는 1941년 영국 콜체스터에서 켄 아담스에 의해 시작되었으며 국제 본부는 미국 필라델피아에 있습니다.
국제 CLC는 59개 나라에서 180개의 본부를 두고, 약 650여 명의 선교사들이 이동도서차량 40대를 이용하여 문서 보급에 힘쓰고 있으며 이메일 주문을 통해 130여 국으로 책을 공급하고 있습니다. 한국 CLC는 청교도적 복음주의 신학과 신앙서적을 출판하는 문서선교기관으로서, 한 영혼이라도 구원되길 소망하면서 주님이 오시는 그날까지 최선을 다할 것입니다.

추천사1

박 행 님 박사
한국침례신학대학교 기독교교육학과 학과장

저자 이명희 사모는 하나님께 받은 사역의 현장에서 충성스러운 일꾼인 동시에 자신의 성장을 위한 도전과 노력에 게으르지 않은 하나님의 자녀입니다. 저자는 하나님의 인도하심으로 대부분의 구성원이 고령의 성도들인 교회에서 사역하면서 기독교 교육적 접근을 고민하고 궁리하는 실천적 연구자의 자세를 견지해 왔습니다.

고령화 사회로 진입한 한국 사회와 교회에서 노인교육의 중요성은 그 어느 때보다 크다고 말할 수 있습니다. 지나온 삶을 하나님의 뜻 안에서 이해하고, 신앙공동체 안에서 자신의 역할과 사명을 찾는 과정을 포함하는 기독교 노인교육은 노인들의 전인적 성장을 도모하고 평화롭고 만족스러운 노년기를 보낼 수 있도록 도울 뿐 아니라 신앙공동체의 성장과 발전을 도모하는 중요한 역할을 합니다. 이러한 시점에서 본서는 매우 시의적절하고 귀중한 자료임이 분명합니다.

본서는 기독교 노인교육의 이론적 배경이 되는 기독교 교육의 이론적 기초를 제시하였으며, 기독교 노인교육 프로그램의 이론적 기초를 검토하였습니다. 그리고 이를 토대로 기독교 노인교육 프로그램의 실제로서 자아통합을 위한 교회 교육 프로그램과 팔복을 활용한 웰에이징 교회 교육 프로그램을 제공하고 있습니다. 본서의 가치는 무엇보다 구체적인 교육 프로그램과 현장에 적용할 수 있는 학습지도안을 제공한다는 점에 있으며, 제공된 교육 프로그램을 통해 노인 성도들을 신앙공동체 속에 더욱 활발히 참여하게 하고, 그들의 전인적 성장을 도모하도록 조력할 수 있다는 점에 있습니다.

본서는 목회자와 교육자 그리고 노인 사역을 담당하는 모든 분에게 귀중한 자료가 될 것입니다. 본서를 통해 많은 이가 노인교육의 중요성을 인식하고, 더욱 효과적인 프로그램을 운영함으로써 노인 성도들의 영적 성장을 도울 수 있기를 기대합니다.

추천사 2

김 기 중 목사
사단법인 한국농어촌선교단체협의회 회장

　노인은 늙어가는 것이 아니라 익어가는 것이다. 이런 발상의 전환은 복음적 생각에서 나온다.
　초고령화 사회, 노인들의 공동체가 되어 버린 농어촌 교회에서 사역하는 저자의 도전적이고, 현실감 넘치는 이 책은 이 시대 기독교 교육이 지향해야 하는 점을 적확하게 제시하고 있다. 특히, 농어촌 교회에서 사역하면서 부딪치는 가장 막막한 문제가 초고령화 교회의 문제이므로 저자는 사명감으로 이 문제에 천착했을 것이다.
　저자는 농어촌에서 사역하면서 어찌하든지 노인들을 사랑하고 교육해야 함을 절감하고, 노인들을 말씀으로 양육하고, 사랑으로 섬겨서 복음 안에서 농익게 익어가야 한다는 마음을 절절히 표현하고 있다.
　이 책은 기독교 교육과 노인교육의 튼튼한 기초 위에 기독교 노인교육을 세워가도록 안내하고 있다. 그뿐만 아니라, 노인교육의 실제 프로그램과 학습 지도안까지 제시하면서 누구나 현장에서 바로 적용할 수 있도록 돕고 있다.
　특히, 저자는 교육의 장(場)으로서 가정과 교회의 역할에 대해서 주목하였는데 이는 가정의 문제가 많아지고, 교회가 약해지는 이때 우리 모두에게 시사하는 바가 크다. 어떤 교회 교육도 교회에 머물러서는 안 되며, 가정으로 연장되어 가정에서 실천 되어져야 한다는 저자의 교육 철학을 보여 준다. 이는 예배가 마쳐지는 순간 삶의 예배가 시작되어야 한다는 말과 같은 가르침이다.

또한, 저자는 노인교육 프로그램의 실례로 '팔복을 통한 웰에이징(건강한 노화) 교회 교육 프로그램'을 제시하고 있다. 이는 저자의 교육 철학이 복음에 기초하고 있음을 확실하게 보여 준다. 아울러 저자가 제시한 팔복을 통한 노인교육은 독자들이 성경의 다른 본문들을 노인교육 현장에서 활용할 수 있는 가능성을 동시에 보여 주고 있다.

오늘도 농어촌 교회에서 예배당을 가득 채운 노인분들을 섬기며 수고하고 있는 모든 목회자 가족과 성도를 축복한다. 지금까지 농어촌에서 사명감을 갖고 사랑으로 사역한 수고 위에, 이런 연구의 결실들을 적용함으로 농어촌 노인 중심의 교회들에 새로운 활기가 넘치고 풍성한 열매가 맺어지기를 바란다. 끝으로 저자의 농어촌 교회 노인 문제의 대안을 찾아가는 새로운 시도와 기독교 노인교육의 연구가 결실을 보게 됨을 축하드린다.

아무쪼록 노인들을 안고 기도하며 섬기는 농어촌 교회에서 노인들의 신앙 생활이 더욱 풍성하고, 활기있고, 복되기를 기도하며 모든 농어촌 교회와 초고령 교회들에 기쁨으로 이 책을 추천한다.

추천사 3

박 승 민 목사
기독교한국침례회 선암침례교회 담임목사

    기독교 교육과 노인에 대한 사랑과 열정을 바로 느낄 수 있는 노인 사역 교과서와 같은 책을 만났습니다. 노인에 관한 연구와 관심이 사회적으로 이미 많이 진행되었지만, 교회에서는 노인교육에 분야에 있어서 전문성이 결여된 것이 사실입니다.

    저자의 연구 부분 중에 기독교 교육과 노인기 발달과제로 대두되는 자아통합을 잘 융합한 것이 매우 인상적으로 느껴졌습니다. 이는 저자의 기독교 교육과 노인에 대해 깊은 이해가 바탕 된 것으로 여겨집니다.

    특히, 기독 노인의 자아통합감정의 부분에서 하나님의 만져 주심이 없이는 인생의 회복을 스스로 할 수 없다는 것을 분명히 하였기에 더욱 빛이 납니다. 아울러 이 책을 접하는 모든 노인과 교회가 많은 유익을 얻을 수 있을 것이라 기대되기에 적극 추천합니다.

추천사 4

유지영 목사

기독교한국침례회 국내선교회 회장

　노인에 대한 고민과 노력이 보이는 책입니다. 노인들에 대한 관심과 교육의 필요성이 어느 때보다 절실한 이때, 저자의 책은 빛을 내는 진주와 같고 목마른 땅을 적시는 빗물과도 같습니다.

　성경적인 이해로 기독교 교육을 실천하고자 하는 노력이 글에서 보일 정도로 연구한 흔적을 찾을 수 있었습니다. 성경에 나타난 노인 이해와 노인의 발달과제인 자아통합을 하나님 안에서 달성하기 위한 프로그램을 개발하여 이론과 실제를 기술한 점은 많은 교육자에게 귀감이 될 수 있을 것이며, 현대 노인목회에 바로 적용할 수 있는 즉시성을 띠고 있습니다.

　목회자들과 노인을 교육하는 많은 분이 읽고 삶과 신앙에 접목해 주시기를 적극 추천하며 노인의 문제를 풀어가는 열쇠가 되는 책이 되기를 기도합니다.

기독교 노인교육 프로그램 이론과 실제

Christian Elderly Education Program Theory and Practice
Written by MYOUNG HEE LEE
All rights reserved.
Korean Edition Copyright © 2024 by Christian Literature Center, Seoul, Korea.

기독교 노인교육 프로그램 이론과 실제

2024년 07월 10일 초판 발행

지 은 이 | 이명희

편　　　집 | 이신영
디 자 인 | 이보래, 박성준
펴 낸 곳 | (사)기독교문서선교회
등　　　록 | 제16-25호(1980.1.18.)
주　　　소 | 서울특별시 동대문구 천호대로71길 39
전　　　화 | 02-586-8761~3(본사) 031-942-8761(영업부)
팩　　　스 | 02-523-0131(본사) 031-942-8763(영업부)
이 메 일 | clckor@gmail.com
홈페이지 | www.clcbook.com
송금계좌 | 기업은행 073-000308-04-020 (사)기독교문서선교회
일련번호 | 2024-85

ISBN 978-89-341-2717-8(93230)

이 한국어판 출판권은 (사)기독교문서선교회가 소유합니다.
신저작권법에 의하여 한국 내에서 보호를 받는 저작물이므로 무단 전재와 무단 복제를 금합니다.

기독교 노인교육 프로그램 이론과 실제

이 명 희 지음

CLC

추천사

추천사1	박 행 님 박사 ǀ 한국침례신학대학교 기독교교육학과 학과장	1
추천사2	김 기 중 목사 ǀ 사단법인 한국농어촌선교단체협의회 회장	3
추천사3	박 승 민 목사 ǀ 기독교한국침례회 선암침례교회 담임목사	5
추천사4	유 지 영 목사 ǀ 기독교한국침례회 국내선교회 회장	6

저자 서문　　　　　　　　　　　　　　　　　　　　　　13

▼▲▼ 제1부 기독교 교육의 이론적 기초 ▼▲▼

1. 기독교 교육이란?　　　　　　　　　　　　　　　16
2. 하나님의 교육명령　　　　　　　　　　　　　　　25
3. 기독교 교육의 목적과 목표　　　　　　　　　　　31
4. 기독교 교육의 장(場)　　　　　　　　　　　　　　44
5. 노인의 사회적 지지 기반으로서 가정과 교회　　51

▼▲▼ 제2부 기독교 노인교육 프로그램의 이론적 기초 ▼▲▼

1. 기독교 노인교육의 필요성 및 목적   70
2. 노인 이해   78
3. 노화 이론   94
4. 기독 노인과 자아통합   103
5. 노인교육 프로그램 사례   112

▼▲▼ 제3부 기독교 노인교육 프로그램 실제 ▼▲▼

1. 기독교 노인교육 프로그램 개발   123
2. 자아통합을 위한 교회교육 프로그램 학습지도안   149
    [1회기] 나의 탄생 학습지도안   150
    [2회기] 나의 청년 학습지도안   154
    [3회기] 나의 결혼 학습지도안   159
    [4회기] 나의 임신 학습지도안   163
    [5회기] 나의 출산 학습지도안   168
    [6회기] 나의 고난 학습지도안   172
    [7회기] 나의 미래 학습지도안   177
    [8회기] 자아통합 콘서트   182

3. 팔복을 활용한 웰에이징 교회 교육 프로그램 학습지도안 186
   [1회기] 심령이 가난한 자 188
   [2회기] 애통하는 자 192
   [3회기] 온유한 자 196
   [4회기] 의에 주리고 목마른 자 200
   [5회기] 긍휼히 여기는 자 204
   [6회기] 마음이 청결한 자 209
   [7회기] 화평하게 하는 자 213
   [8회기] 의를 위하여 핍박 받는 자 217

부록 222
참고자료 248

저자 서문

　이 책이 나오기까지 얼마만큼의 시간이 필요했는지 헤아려 보았다. 한 페이지씩 채워지는 문장들을 바라보며 20여 년의 세월이 흘렀음을 알게 되었다. 10대에 예수님을 만나고 20대에 인생 비전에 대해 끊임없이 하나님께 물으며, 하나님의 비전이 나의 비전이 되기를 소망하며 간구하였다. 그리고 잘 가르치는 교회학교 교사가 되기를 다짐하며 한국침례신학대학교 기독교교육학과에 진학하여 참된 기독교 교육가로서의 꿈을 키웠다.

　하나님께서는 진리가 살아 숨 쉬며, 참된 기쁨이 넘치는 교회학교를 꿈꾸며 사역하는 나를 음악강사로, 어린이집, 유치원 교사로, 때로는 영아부, 유치부, 초등부 전도사로 위치를 바꿔가며 경험을 쌓게 하시고, 종국에는 노인목회자의 아내로 사역의 자리를 옮겨주셨다.

　이곳 선암리에 온 이듬해에 4번의 장례가 있었다. 이 땅에서 더 이상 그들을 만날 수 없다는 사실은 나로 하여금 밥을 먹다가도 눈물이 흐르게 하였고, 가만히 있다가도 슬펐다. 바람이 불 때는 그들이 더 생각났다. 그래서 노인과 인생, 하나님에 대한 연구에 더욱 몰입했던 것 같다.

　이 연구는 기독 노인과 목회자를 위한 것이지만 어쩌면 나 자신이 가장 큰 수혜자인 것 같다. 이제 바람 부는 언덕에 서 있어도 슬프지 않다. 흐느껴 울던 내 어깨 위에 바람이 머물면 '잘 지낸다, 잘 지내라' 는 대답으로 느껴지기 때문이다.

　또다시 불어올 바람을 맞이할 준비를 하며, 눈물이 아닌 사랑과 존경의 마음으로 손인사를 준비하고 있다.

　인생의 오랜 기간을 통해 나를 훈련시키고, 단련시킨 하나님은 기독교 노인교육 교재 발간이라는 결과물을 주셨다. 이 모든 여정이 모두 하나님의 뜻이었고, 하나님의 계획이었음을 고백한다.

본서는 크게 3부로 나뉜다. 제1부는 기독교 교육의 기초 이론적 배경을 다루었으며, 제2부는 기독교 노인교육 프로그램 이론적 배경이고, 제3부는 프로그램 개발로서 실제를 다루었다. 아울러 제2부와 제3부의 내용은 필자의 석사 논문을 재인용하였음을 밝힌다.

우리나라는 고령 인구 비율 증가세와 맞물려 교회에도 늘어난 고령 성도를 위한 교회 교육 프로그램의 필요와 요구가 증가하고 있다. 따라서 본서의 프로그램은 노년기 발달과제로 주어지는 자아통합 성취를 위한 교회 교육 프로그램을 개발하는 것에 목적이 있다. 구체적인 연구의 내용 및 절차를 다음과 같이 요약한다.

첫째, 문헌을 통해 기독교 교육의 기초이론을 연구하였다. 하나님은 성부, 성자, 성령 삼위가 하나이신 분으로 각각 위치에서 역할을 수행하시며, 동시에 공동체를 이루는 한 분이시다. 이 삼위일체의 하나님은 가르치시는 분이었음을 문헌을 통해 연구하였으며, 인간의 문화 활동 중에 가장 영향력이 큰 교육 활동에 있어서 하나님을 가르치는 기독교 교육과 일반 교육의 차이점과 차별점을 명시하고자 노력하였다.

둘째, 문헌을 통해 성경에 나타난 노인 이해를 연구하여 하나님이 인간에게 가르치시고자 했던 노인 이해를 밝히고자 노력하였다. 또한, 노인의 신체적, 사회적, 심리적, 인지적 발달 특징 이해를 연구하였고 이전에 시행되었던 교회 노인교육 프로그램 운영과 내용을 조사·분석하여 이론적 배경을 연구하였다. 그 결과 노인의 발달과제인 자아통합과 발달 위기인 절망감을 도출하여 이를 긍정적으로 향상시키기 위한 교회 교육 프로그램을 개발하였다.

셋째, 개발된 프로그램은 노년기 발달과제로 주어지는 자아통합 성취를 목적으로 하였다. 학습자 노인은 스토리텔링을 통해 성경에 나타난 노인에 대해 알고, 생애주기 회상 활동을 통해 자신의 과거 경험을 회상하게 하였다. 노인은 자아통합 인식전환 활동을 통해 하나님과의 관계 안에서 자신이 살아온 삶의 의미를 발견하고, 가치 있게 수용하여 자아통합감을 향상시키도록 설계하였다. 또한, 마태복음의 팔복을 주제로 하여 성경을 연구하고, 내 인생에서 팔복의 보물을 찾는 활동을 통해 자신이 살아온 삶의 의미와 가치를 하나님 안에서 인생 보물을 찾게함으로써 신앙 안에서 스스로 자아통합을 할 수 있도록 하였다.

넷째, 프로그램 개발은 고령 학습자의 특징을 고려하여 제작되었으며 학습지도안은 전체 회기를 개발하여 제시하였다. 학습 내용은 노인의 전인적 특성을 고려하여 노인을 위한 주제와 활동으로 구성하여 노년기 학습자가 학습에 대한 부담을 느끼지 않고 참여할 수 있도록 하였다. 또한, 노인의 여가시간을 효율적으로 활용할 수 있는 문화예술 활동으로 구성하여 교육과 삶의 연계성을 이루도록 하였다.

다섯째, 본 프로그램은 노인이 자기 삶의 의미와 가치를 초월적 존재인 하나님 안에서 조명하여, 스스로 발견하게 함으로써 교회만이 할 수 있는 차별성 있는 프로그램이라는 점에서 의의가 있다. 또한, 현장의 사역자들이 즉시 적용할 수 있는 활동으로 구성되어 다른 변형 없이 시행할 수 있기에 현장 적용이 용이하도록 개발하였다.

이 책이 나오기까지 주변의 많은 사람의 도움이 있었다. 특별히 내 인생에 커다란 날개가 되어준 남편 박승민 목사님께 감사와 사랑을 전한다. 결혼과 동시에 이루어진 교회 개척과 자녀 출산·양육이라는 커다란 인생의 과제 앞에 언제나 한결같은 뚝심으로 교회와 가정을 보호해주는 든든한 인생 나무가 되어준 남편에게 사랑과 존경의 마음을 전한다.

또한, 물심양면으로 도움을 주신 시어머니 최인자 집사님께 감사와 사랑을 전한다. 그리고 하나님이 선물로 주신 사랑하는 자녀 하진, 하나, 하온에게 진한 사랑을 전한다. 나의 참스승 이석철 교수님과 노은석 교수님, 박행님 교수님께 머리 숙여 감사드린다.

삽화와 표지 디자인으로 수고해준 사랑하는 지현이와 소희에게 감사의 마음을 전한다. 두 사람의 수고 덕분에 문자만 가득한 책에 따스한 색이 입혀졌다. 마지막으로 본서가 출판되기까지 조판과 편집으로 애써주신 CLC(기독교문서선교회) 모든 관계자와 편집자님께도 고마움을 전한다.

아울러 이 책을 통하여 100세 시대를 맞이하는 한국 사회와 교회에서 노인은 힘이 없고, 생산성이 없으며, 사회에서 기능하지 못하는 연약한 존재에서 벗어나 마땅히 존경받을 만한 지혜자며, 하나님과 후세대에 언제나 존귀한 존재로서 존중받는 자가 되기를 바란다.

한 세기 동안 일제강점기와 한국전쟁을 경험하며 격동의 세월을 보내신 우리나라 어르신들께 조금이나마 삶의 위로가 되는 시발점이 되기를 바라며, 행복한 노인목회를 꿈꾸는 많은 목회자에게 귀한 디딤돌로 사용되기를 기도한다.

2024년 6월
바람 부는 언덕 선암침례교회에서

제1부

기독교 교육의 이론적 기초

1. 기독교 교육이란?

교육이란 의미 있는 행동으로 변화를 일으키는 가르침이다. 교육은 목적성과 방향성을 가지고 있다. 기독교 교육에서 목적성과 방향성은 바로 하나님이다. 하나님은 말씀(logos)으로 자신을 나타내셨으며, 하나님의 말씀을 인간이 기록한 것이 성경이다(딤후 3:16). 기독교는 하나님의 말씀인 성경에서 출발하였다. 그러므로 기독교 교육은 성경에 기초한 신학적 근거로 정당성이 확보된다. 따라서, 기독교 교육의 이론적 근거는 성경이다.

학습자로 하여금 하나님을 바로 알게 하는 것이 기독교 교육의 목적성과 방향성이다. 그러므로 하나님을 바로 아는 것은 기독교 교육의 시작점이다.

1) 성부 하나님과 기독교 교육

성부 하나님은 교육의 원형이시다.[1]

하나님은 태초에 천지를 창조하신 후 아담과 하와를 지으시고 그들에게 자신을 가르치셨다. 하나님은 교육자시다. 그러므로 가르치는 일은 모든 것의 시작이신 창조주로부터 비롯되었다.

---

1 이석철, 『교육으로 목회를 보다』(대전: 침례신학대학교출판부, 2012), 9-11.

하나님은 "나는 네게 유익하도록 가르치고 너를 마땅히 행할 길로 인도하는 네 하나님 여호와라"(사 48:17)고 선언하셨다.

가르치시는 분으로서의 성부 하나님에 대한 인식은 예수님에게 있어서도 분명히 자리잡고 있었다. 예수님은 "선지자의 글에 그들이 다 하나님의 가르치심을 받으리라 기록되었은즉 아버지께 듣고 배운 사람마다 내게로 오느니라"(요 6:45)고 하셨다.

성부 하나님의 교육 목적은 다음과 같다.

첫째, 하나님을 알게 하는 것이다. 하나님께서는 우리가 하나님을 아는 것을 기뻐하신다.[2] James Packer는 인간이 창조된 목적은 하나님을 아는 것에 있고, 따라서 인간의 삶의 올바른 목적도 하나님을 아는 것이어야 하고, 하나님을 아는 것이야말로 인간의 삶에 가장 좋은 것을 가져다 주는 축복임을 말하였다.[3]

하나님을 안다는 것은 인간이 전인격으로 하나님을 경험하는 것이며, 하나님과 친밀한 영적 관계를 가진다는 것을 뜻한다. 히브리어 야다(יָדַע, yadha)는 '보다, 인식하다, 알다'의 의미를 포함한다. 즉, 알게 되는 과정(know)과 완전하게 아는 것(understand) 두 가지를 모두 의미한다.

성경에서 말하는 지식은 개인적이고, 경험적인 앎을 의미한다. 그러므로 지식이란 신자가 하나님과 개인적인 관계 속에서 얻어지는 명철과 하나님의 사람으로 살아가는 삶 속에서 얻어지는 도덕적 지혜와 분별력을 뜻한다(시 119:66).

둘째, 하나님의 교육 목적은 인간들이 하나님을 최고로 사랑하게 하는 것이다. 이러한 하나님의 교육 목적은 '쉐마'라고 불리는 신명기 6장 4-5절에 잘 나타난다.

---

[2] 노은석, 『기독교 교육 다잡기』(대전: 이화, 2014), 45.
[3] James Packer, 『하나님을 아는 지식』, 정옥배 역 (서울: 한국기독학생출판부, 1996), 43.

> 이스라엘아 들으라 우리 하나님 여호와는 오직 하나이신 여호와시니 너는 마음을 다하고 성품을 다하고 힘을 다하여 네 하나님 여호와를 사랑하라(신 6:4-5).

쉐마에 기록된 '하나님을 사랑하라'는 인간적 차원의 사랑과는 근본적으로 다르다. 본문에 나타난 '사랑하다' 히브리어 야레(יָרֵא, yare)는 '두려워하다, 존경하다'의 의미를 가진다(잠 9:10). 즉, 하나님을 경외하는 의미의 사랑이다. 인간은 하나님의 법을 준행하며 신을 향한 합당한 사랑의 행실을 배우고, 실천하는 것을 인생의 가장 큰 목적으로 삼아야 한다.

이상에서 살펴본 바와 같이 하나님의 교육 목적은 두 가지다.

첫째, 하나님을 알게 하는 것
둘째, 하나님을 사랑하는 것 또는 경외하는 것

하나님은 교육 목적을 이루기 위해 가르침의 방법을 사용하셨다.

> 여호와께서 내게 이르시기를 나에게 백성을 모으라 내가 그들에게 내 말을 들려주어 그들이 세상에 사는 날 동안 나 경외함을 배우게 하며 그 자녀에게 가르치게 하리라 하시매(신 4:10).

시편 기자는 시편 34편 11절에 "너희 자녀들아 와서 내 말을 들으라 내가 여호와 경외하는 법을 너희에게 가르치리로다" 하며, 하나님을 경외하는 것은 인간이 배워야 할 것이며, 동시에 가르쳐야 할 것이라고 하였다. 인간이 태어나서 인간답게 되는 것은 부모나 그 주변의 사람 등의 사회적 환경에서 교육을 통해서 이루어진다. 교육은 인간만이 할 수 있는 고유의 활동으로, 인간을 인간답게 만들어 주는 행동의 결과를 가져다 준다.

그러므로 인간이 하나님을 알고, 사랑하며, 경외하는 존재로 형성되고 그러한 삶을 살아가기 위해서는 교육을 받아야 한다.

즉, 교육 그 자체는 목적이 아니라, 하나의 수단이다. 교육은 하나님의 교육 목적을 이루기 위해 필요한 수단이라는 점에서 중요하다.

2) 성자 예수님과 기독교 교육

성자 하나님은 성육신하신 하나님으로 교육의 모델이시다.[4]

예수님은 인간의 몸을 입고 이 세상에 오신 하나님으로, 인간이 직접적으로 경험할 수 있는 행위로서의 교육을 하셨다.

성부 하나님을 교육의 원형이라고 한다면, 성자 예수님은 교육의 완전한 모델이다. 즉, 구체적인 교육의 모습을 완전하게 사람들에게 보여 주신 교육의 모범이신 것이다. 실로 예수님은 "탁월한 교사"이며, "위대한 교사"셨다.

예수님이 공생애를 사시면서 하셨던 사역들은 여러 가지로 표현되었는데, 그 모든 사역을 대표할 수 있는 사역은 가르치는 사역이었다. 마태복음 4장 23절에서는 대중을 향한 예수님의 공생애의 시작을 다음과 같이 묘사하고 있다.

> 예수께서 온 갈릴리에 두루 다니사 저희 회당에서 가르치시며 천국 복음을 전파하시며 백성 중에 모든 병과 모든 약한 것을 고치시니(마 4:23).

예수님의 공생애 사역에서 주요 활동은 가르치시고(teaching), 전파하시고(preaching), 고치는(healing) 세 가지로 표현되었다. 여기서 '가르치셨다'는 것과 '전파하셨다'는 것은 사실상 같은 사역에 대한 다른 표현이다. 또한, 예수님은 병을 고치시거나 귀신 들린 사람들을 치유

---

4 이석철, 『교육으로 목회를 보다』, 14-19.

하실 때, 이것을 중요한 영적 진리들을 가르치시기 위한 교육의 장으로 활용하셨다. 그러므로 예수님의 공생애 사역은 복음을 가르치신 교육 활동의 장(場)이었다.

예수님의 교육 목적은 인간들이 하나님을 온전히 알게 하는 것이었으며 이는 성부 하나님의 교육 목적과 동일하다. 실제로 한 율법사가 가장 큰 계명에 대하여 물었을 때, 예수님은 구약성경의 쉐마를 인용하시면서 "마음을 다하고 목숨을 다하고 뜻을 다하여 주 너의 하나님을 사랑하라"(마 22:37-40) 고 하셨다.

> 예수께서 이르시되 네 마음을 다하고 목숨을 다하고 뜻을 다하여 주 너의 하나님을 사랑하라 하셨으니 이것이 크고 첫째 되는 계명이요 둘째도 그와 같으니 네 이웃을 네 자신 같이 사랑하라 하셨으니 이 두 계명이 온 율법과 선지자의 강령이니라(마 22:37-40).

이 말씀을 '대 계명'(The Great Commandment)이라고 부른다. 이것은 예수님의 교육 목적이 하나님을 사랑하게 하는 것이라는 점을 끌어낼 수 있다. 그리고 하나님에 대한 이 사랑은 곧 하나님을 경외하는 것으로서의 사랑인 것이다. 그러므로 기독교 교육의 목적은 인간이 하나님을 알고, 경외(사랑)하게 하는 것이다.

예수님은 친히 교육 사역을 모범적으로 실천하고, 제자들에게 이 사역을 훈련하고, 위임하시는 일에 많은 힘을 기울이셨다. 예수님께서는 우리가 '지상명령'(The Great Commission, 마 28:19-20)이라 일컫는 마지막 위탁을 제자들에게 남기셨다.

> 그러므로 너희는 가서 모든 민족을 제자로 삼아 아버지와 아들과 성령의 이름으로 침례를 베풀고 내가 너희에게 분부한 모든 것을 가르쳐 지키게 하라 볼지어다 내가 세상 끝날까지 너희와 항상 함께 있으리라 하시니라(마 28:19-20).

Gangel은 이 명령은 교육이 중심적인 개념이 되고 있다고 말하였다. 제자를 삼는 일은 넓은 의미의 교육이다. 그는 이 구절을 예수님의 "가르치는 위대한 명령"(The Great Teaching Commission)이라고 일컬었다. 그러므로 지상명령은 곧 교육명령이다.

3) 성령 하나님과 기독교 교육

성령 하나님은 개인 교사시다.[5]

예수님은 제자들에게 교육 사역을 위임하면서 "내가 세상 끝날까지 너희와 항상 함께 있으리라"(마 28:20)는 약속을 통해 성령님의 오심에 대하여 예고하셨다.

실제로 성령님은 성도들의 개인적인 교사라고 말할 수 있다. 즉, 성령님은 성도 한 사람, 한 사람 속에 함께 계시면서 개인적으로 가르치시는 분이다.

Robert W. Pazmino는 성령님의 개인 교사적 역할에 관하여 "내재하시는 성령님은 학생들의 심령, 즉 그들의 영, 육, 혼이 함께 변화될 수 있도록 배움의 과정을 촉진한다"고 말하였다.[6]

성령 하나님의 교육 목적은 성부, 성자의 교육 목적과 동일하다. 에베소서 1장 17절을 보면 성령 하나님께서는 "지혜와 계시의 영", 즉 성령을 우리에게 주셔서 "하나님을 알게 하셨다"고 말하고 있다.

교육은 인간적 행위로서 사람이 사람을 가르치는 것이지만, 하나님을 알게 하는 것을 목적으로 하는 기독교 교육에는 인간적 차원을 넘어서는 영적 차원이 존재한다.

그러므로 기독교 교육은 지혜와 계시의 영이요, 진리의 영이신 성령님이 반드시 개입하셔야 그 목적을 올바로 이룰 수 있다. 신자는 최선

---

5 이석철, 『교육으로 목회를 보다』, 19-22.
6 Robert W. Pazmino, 『교사이신 하나님』, 조혜정 역 (서울: 크리스챤출판사, 2005), 113.

을 다해 주님의 지상명령을 준행해야 하지만, 주님께서 성령으로 우리와 함께하시며, 그 일을 주도하신다는 사실을 항상 잊지 말아야 한다.

Pazmino는 오늘날 효과적인 가르침과 배움을 위해서는 성령님의 계속적인 임재와 사역이 필요하다고 말하였다.[7] 또한, 가르침의 과정 가운데 교사가 계속적으로 성령님에 의해 인도되고, 충만케 될 것을 요구한다.

교육의 3요소는 교사, 학생, 교육 과정이다. 기독교 교육에서의 교사는 가르치시는 하나님이시며, 학생은 하나님을 알고자 하는 교육적 요구를 가진 자다. 교육 과정은 교육 내용이라고 할 수 있는데 기독교 교육의 교육 내용은 하나님이다.

그러므로 기독교 교육이란 하나님 자신이 하나님을 알고 싶어하는 혹은 하나님을 알아야 하는 학생에게 하나님을 가르치는 것이다. 즉, 기독교 교육이란 하나님 그 자체이며, 하나님께로부터 나타난 것이다.

또한, 기독교 교육의 목적은 그리스도의 장성한 분량에 이르게 하는 것이며, 내용은 하나님의 말씀, 즉 하나님이시다. 교육 방법은 일반 교육학에서 연구, 사용되는 모든 방법을 동원한 후, 마지막에는 '성령'의 도우심을 바란다.

따라서, 일반 교육과 다르게 기독교 교육의 목적, 내용, 방법은 모두 하나님이시다.

하나님은 실존하는 분이시다(출 3:14). 비록 눈에 보이지 않지만, 반드시 존재하는 분이시다. 인간은 하나님을 경험함으로 만날 수 있다.

상상력이란 자기가 체험하지 못한 영역을 뇌로 끌어들여 마치 경험한 것과 같은 느낌을 갖는 능력이다. 상상력에 의한 신앙에서 중요한 특징은 '자신이 체험하지 못한 것'이다. 즉, 상상력은 실제로 경험하지 않은 현상이나 사물에 대하여 마음속으로 그려 보는 힘이다. 이러한 힘은 허구의 이야기나 존재를 경험해 보려는 심적 능력이다.

---

[7] Robert W. Pazmino, 『기독교 교육의 기초』, 12-3.

하지만, 하나님은 허구 또는 비실존 존재가 아니기 때문에 상상력으로는 하나님을 경험할 수 없다. 하나님은 영 (요 4:24) 이시기 때문에 우리 눈에 보이지는 않지만, 반드시 실존하시는 분으로 말씀으로 자신을 나타내신다. 그러므로 인간은 경험을 통해 하나님을 만나며, 연륜이 쌓일수록 하나님을 깊이 이해할 수 있는 지혜를 획득할 수 있다.

인간은 삶을 영위하면서 문화를 양산한다. 그러므로 문화는 한 시대의 모든 생활 양식을 반영한다. 문화에 대한 정의는 다양하다. 각 사람의 관점에 따라 중요하게 여기는 것들이 다양하게 부각되는 특징을 가지고 있기 때문이다. 또한, 같은 문화권에 있더라도 각 연령별로 독특한 특징을 나타내므로 한 가지의 모형으로 정의하기 어렵다.

문화는 "경작이나 재배"의 의미였고, 후에 "교양, 예술"등의 뜻을 가지게 되었다. 또한, "지식, 신앙, 예술, 도덕, 법률, 관습 등 인간이 사회의 구성원으로서 획득한 능력 또는 습관의 총체"로 보는 견해도 있다.

문화란 인간의 활동이며, 그것도 피조된 사물의 질서와 관련된 행위이며, 중립적인 문화 행위는 있을 수 없다. 문화에 대한 인간의 반응은 반문화, 동일시, 변혁적 입장으로 대별된다. 그리스도인 사이에서도 문화를 취하는 다양한 입장이 존재하지만, 중요한 것은 그리스도인은 분명히 문화에 대한 책임이 있다는 사실이다.

교육은 강력한 문화 활동이다. 장동수는 "어떤 경우에서도 인간은 자연에서 도피할 수 없는 것처럼 문화에서 도피할 수 없다"고 하였다.[8] 또한, Ricahard Niebuhr는 교육은 문화의 중요한 활동 영역 중의 하나인 동시에 문화를 적극적으로 창달해 가야 하는 분야이며, 교육에서 문화는 피할 수 없는 주제라고 설명하였다.[9]

---

8 장동수, "기독교 세계관." 허긴 편. 『대학생을 위한 영성·인성·지성.』 (대전: 침례신학대학교 출판부, 2003), 220-1.

9 Ricahard Niebuhr, 『그리스도와 문화』, 김재준 역 (서울: 대한기독교서회, 1987), 47.

인간은 문화를 양산하는 존재로, 주어진 환경 내에서 새로운 것을 재창조하기를 갈망한다. 교육 활동 역시 문화 활동이며, 새로운 변화를 추구한다. 그러므로 교육 활동은 하나님이 창조하신 피조물들 중에 인간만이 지닌 고유한 문화 활동이다.

하나님은 전능한 분이시다.[10] 하나님의 전능이란 그 어떠한 것으로부터 제한 받지 않으시며 초월적 능력을 지닌 것을 말한다. 하나님은 무(無)에서 유(有)를 창조하시는 분으로 인간과는 다른 초월적 능력을 지니신 분이다. 그러므로 하나님은 인간의 교육과 문화 활동을 존중하시지만 때로는 초월하시며 역사할 수 있는 분이시다.[11]

따라서, 인간은 존재의 한계성을 인정하고 하나님의 역사하심에 겸허히 그분을 경외하며, 경배해야 함을 잊어서는 안 된다(시 68:35).

교육 설계에서 교육자의 세계관은 가장 먼저 고려되어 전제가 된다. 또한, 문화는 교육자의 세계관을 형성 및 표현하는 데 중심축이 되어준다. 이렇듯 교육자의 세계관과 문화는 교육 활동에 반영된다.

또한, 교육 설계를 할 때 설계자는 대상자를 향하여 사랑과 정성을 기초로 하는 마음가짐을 가져야 한다. 하나님이 인간을 창조하실 때 피조물들에게 자신의 사랑과 정성을 다한 것과 같은 맥락이다. 하나님은 하루의 창조를 마치시고 보기에 좋았다고 말씀하셨다(창 1:10, 12, 18, 21, 25, 31). 또한, 하나님은 하루에 한 가지씩 정성스레 창조하셨다. 사랑하는 인간을 마지막 날 창조하시며 심히 좋아하셨다.

하나님이 창조하신 인간이 살아갈 세상은 창조자의 속성을 반영하며 안전하고, 따스하며, 그분의 사랑스러움을 담아 창조되었다. 또한, 인간이 하나님의 마음을 이해하고 닮기를 원하신 하나님의 사랑이 내재되어 있다. 그러므로 교육 내용과 학습자의 필요와 학습 방법이 적절하게 조화를 이루어 설계된 교육은 성공적인 교육 경험을 하

---

10 Stanley J, Grenz, 『조직신학』, 신옥수 역 (고양: 크리스찬다이제스트, 2003), 137.
11 노은석, 『기독교 교육 다잡기』, 228.

게 한다.[12]

교육 설계의 마지막 단계는 이 설계가 합당한가에 대한 교육 평가다. 하나님은 자신이 창조한 세계를 바라보시며 '보기에 심히 좋다'라는 자기 평가를 내어놓으셨다. 이는 교육의 원형이신 성부 하나님의 속성을 그대로 드러내는 것이다.[13] 이러한 모습을 살펴볼 때 교육 설계의 마지막 단계의 평가가 자기 평가로 이루어지는 것은 하나님의 평가 방법과 동일한 맥락에 있다.

2. 하나님의 교육명령

구약성경에서 문화에 대한 명령을 제시하고 있는데, 바로 창세기 1장 26-28절을 근거로 하는 문화명령(cultural mandate)이다.[14] 하나님께서는 인간에게 자신의 권한을 위임하시고, 자신이 만든 모든 것을 관할하도록 위탁하셨다.

문화명령은 하나님께서 인간을 만드신 후 처음으로 선포하신 '명령'(command)으로, 인간 창조의 목적을 드러내는 동시에 인간의 역할을 언급한다.[15]

또한, 창세기 1장 26-28절은 하나님께서 온 우주와 그 가운데 만물과 인간을 창조하시고 인간에게 주신 일종의 축복선언문이며, 인간의 책임을 강조한 하나님의 명령인 것이다.

> 하나님이 이르시되 우리의 형상을 따라 우리의 모양대로 우리가 사람을 만들고 그들로 바다의 물고기와 하늘의 새와 가축과 온 땅과 땅에 기는 모든 것을 다스리게

12　노은석, "청소년 문화와 기독교교육", 허긴 편 『문화를 알면 교육이 보인다』(대전: 침례신학대학교, 2003), 277.
13　이석철, 『교육으로 목회를 보다』, 9.
14　장동수, 『성경적 관점에서 본 문화』, 11.
15　강병도, 『카리스종합주석 1』, 310-11.

> 하자 하시고 하나님이 자기 형상 곧 하나님의 형상대로 사람을 창조하시되 남자와 여자를 창조하시고 하나님이 그들에게 복을 주시며 하나님이 그들에게 이르시되 생육하고 번성하여 땅에 충만하라, 땅을 정복하라, 바다의 물고기와 하늘의 새와 땅에 움직이는 모든 생물을 다스리라 하시니라 (창1:26-28)

문화명령의 내용은 간략하게 생육하고 번성하는 일, 땅에 가득 차는 일, 땅을 정복하는 일 그리고 만물을 다스리는 일이다. 26절은 인간 창조에 대한 하나님의 계획과 결단이며, 27절은 그 계획의 실행이고, 28절은 그 인간에게 주어진 하나님의 축복과 명령, 즉 문화명령 자체다.

성경을 통해 우리는 모든 피조물 가운데 최고의 정점에 인간이 있음을 위시하여 인간 창조가 다른 피조물의 그것과 다른 특이한 점들을 많이 발견할 수 있다.[16]

첫째, 피조물 중에 인간만 하나님의 형상으로 창조되었고, 다른 창조 세계를 다스리라는 명령을 받는다(창 1:26-28). 하나님은 인간을 만드셨다. 사람은 하나님과 닮은 존재이며 하나님의 창조물을 다스리는 역할을 부여 받은 존재다. 타락 이후에도 인간은 여전히 하나님의 형상(창 9:6)과 모양(약 3:9)을 지니고 있으므로, 문화명령에 대한 책임도 동시에 지니고 있다.

둘째, 사람이란 사회적 존재다. 남자는 여자를, 여자는 남자를 서로 보완하는 존재라는 의미다.[17] 남녀가 동시에 창조되었다는 사실에서 공동체성이 강조되었음을 알 수 있다.

---

16 장동수, "성경적 관점에서 본 문화", 17.
17 Anthony A. Hoekema, 『개혁주의 인간론』, 류호준 역 (서울: 기독교문서선교회, 1996), 280-1.

> 다른 사람의 피를 흘리면 그 사람의 피도 흘릴 것이니 이는 하나님이 자기 형상대로 사람을 지으셨음이니라 (창 9:6).

> 이것으로 우리가 주 아버지를 찬송하고 또 이것으로 하나님의 형상대로 지음을 받은 사람을 저주하나니 (약 3:9).

셋째, 하나님은 인간에게 해야 할 일을 부여하시면서 축복을 명령하셨다. 엄원식은 "형상"과 "모양"이 다른 말이라기보다는 반복하여 강조하는 히브리적 수사법이라 언급하면서 '하나님의 왕적 대리자로서의 인간'을 의미한다고 주장하였다.[18] 그러므로 하나님은 문화명령을 통해 인간에게 '문화 창달'의 의무를 부여하신 것이다. 이 문화창달의 목적은 오직 하나님의 이름을 위해 존재해야 한다.[19]

창세기 2장 15절은 하나님께서 인간을 에덴동산에 두신 이유를 잘 설명해 준다.

> 여호와 하나님이 그 사람을 이끌어 에덴 동산에 두어 그것을 경작하며 지키게 하시고 (창 2:15).

15절은 인간이 에덴동산에서 살면서 해야 할 일을 제시하는데 그것은 '다스리며 지키는 것'이다. 히브리어 동사 'עבד'(아바드)는 '일하다, 경작하다, 봉사하다'는 뜻이며, 본문에서는 '땅을 가는 것'(창 2:5; 3:23; 4:2; 12 등)을 지칭한다. 즉, 인간은 타락 이전에도 노동이 요구되었다는 사실을 알려준다. 그러므로 에덴에서의 삶이란 아무런 의미 없이 시간을 보내는 것이 아니라 일련의 '노동이 요구되는 삶'이었다.

---

18 엄원식, 『구약신학』(대전: 침례신학대학교 출판부, 2002), 49-55.
19 강병도, 『카리스 종합주석 창세기 1』, 246.

오경에서 עבד(아바드)는 다양한 의미로 사용되었다. 신명기에서는 하나님을 섬기는 것을 가리키는 종교적 의미로 사용되었고, 민수기에서는 레위인들의 성막 직무들에 대해 묘사하는 경우에 사용되었다(민 3:7, 8; 4:23, 24, 26).

따라서, 노동의 목적은 하나님의 형상을 지닌 인간이 노동을 통하여 하나님을 섬기는 데 있었다는 것을 알 수 있다. 하나님은 인간이 노동을 통해 만족(satisfaction)과 기쁨(pleasure)을 얻도록 의도하고 계신다.

하나님이 의도하신 노동의 궁극적 목적은 인간이 하나님을 예배하며 섬기는 데 있다. 인간은 주어진 일을 온전히 행함으로 하나님을 영화롭게 해야 한다. 또한, עבד(아바드)는 단순부정사로 아담의 평생 업(業)이 땅을 중심으로 한 노동이었음을 시사한다. 여기서 노동의 본래 목적은 생계가 아니라, 자연과 세계를 관리하게 하신 하나님의 뜻을 받드는 것임을 알 수 있다. 따라서, 인간은 만물의 주인이 아니라 청지기로서 세상을 정복하고 문화를 꽃 피움으로써 하나님의 영광을 높이 드러낼 책임이 있는 존재다.

신약성경에서 교육적 지시를 나타낸 지상명령은 마태복음 28장 18-20절이다.

> 예수께서 나아와 일러 가라사대 하늘과 땅의 모든 권세를 내게 주셨으니 그러므로 너희는 가서 모든 족속으로 제자를 삼아 아버지와 아들과 성령의 이름으로 침례를 주고 내가 너희에게 분부한 모든 것을 가르쳐 지키게 하라 볼지어다 내가 세상 끝날까지 너희와 항상 함께 있으리라 하시니라(마 28:18-20).

지상명령은 이와 유사한 다른 신약성경의 구절들(막 16:15; 눅 24:47-49; 요 20:21-23; 행 1:8)과 함께 선교명령(misson mandate)으로만 이해되어 왔다. 그러나 지상명령은 선교명령 그 이상의 의미를 내포하고 있다.

지상명령은 마태복음 28장 18절은 '명령의 조건'이며, 19-20절은 그 '명령의 내용'이다.[20] 18절의 핵심 내용은 하나님께서 부활하신 그리스도께 '하늘과 땅의 모든 권세'를 주심으로 왕으로 높이셨다. 예수는 우주적인 권세를 가진 우주적인 통치자로서, 의심하는 제자들에게 확신을 주시고 지상명령의 조건을 제시하는 동시에 그 제자들의 지위가 어떠함을 보여 주신다. 즉, 지상명령은 왕의 칙령이라 일컬어질 수 있다.

마태복음 28장 19절과 20절에 나타난 순수한 명령형 동사는 "제자를 삼아라"이다. 제자는 기본적으로 지식만이 아니라 스승의 삶과 인격을 배우고 참여하는 자들을 말한다. 그렇기 때문에 예수의 제자가 된다는 것은 그의 죽음과 부활에 참여할 뿐만 아니라 그의 왕국의 도래를 향한 행진에도 참여하는 것을 의미한다.

또한, 20절 마지막에서 그리스도는 이 사역이 세상의 완성 혹은 끝날까지 수행되어야 함을 현재형으로 표현되는 자신의 임재와 함께 약속하신다. 즉, 지상명령은 예수의 명이며 그분이 명한 모든 것을 가르쳐야 함을 의미한다. 그러므로 지상명령 전체를 예수 그리스도로 인하여 탄생한 교회 그리고 모든 그리스도인에게 주어진 명령으로 적용할 수 있다.

지상명령은 예수님께서 부활하신 후 승천하시며 이를 바라보던 자들에게 마지막으로 말씀하신 것이다. 이는 예수님께서 제자들에게 마지막으로 전하신 말씀으로, 이것을 인간의 문화로 해석하면 성자 하나님의 유언인 것이다.

지상명령은 마태복음 전체의 절정이며 미래를 열어주는 기능을 하고 있는데, 이 지상명령의 요점은 인류 구원의 사역을 마치신 주께서 자신의 제자들, 곧 교회에게 이 구원을 온 인류에게 전하여 이 나라에 참여하도록 선포하고 가르치라는 내용이다.

20　장동수, "지상최대명령 연구", 「복음과 실천 29」 봄호 (2002), 53-80.

그러므로 지상명령은 구약에 나타난 타락한 인류와 세상을 위한 하나님의 약속 성취, 인류와 세상을 새롭게 하시는 하나님의 재창조의 시작이다.

Kenneth O. Gangel은 이 말씀이 전도와 교육을 강조한 명령이며, 또 어떤 면에서는 전도보다 교육이 더 중심적인 개념이 되는 말씀이라고 하였다.[21] 이 명령의 핵심적 사상은 전도나 선교가 아니라 '제자를 삼는 일' 곧, 넓은 의미의 교육이라는 것이다. 그래서 Gangel은 이 구절을 예수님의 '교육적 지상명령'(The Great Teaching Commission)이라고 일컬었다.

그리스도인의 교육 활동은 인간만 아니라 모든 피조물에 희망과 해방을 전하는 것이다(계 1:5). 그러므로 종전에 선교명령으로 이해되었던 지상명령은 강력한 교육적 위임, 곧 교육명령으로 해석되어도 무방하다.

구약과 신약의 연속성과 통일성, 성부 하나님과 성자 예수님의 명령 일관성 등을 감안한다면, 문화명령은 지상명령에 다시 나타나고 지상명령은 문화명령을 보완하고 격상한다.[22]

세계와 인간의 창조 시에 하나님께서 주신 문화명령(창 1:26-28)과 인간 타락의 문제를 해결하시고 나서 예수께서 주신 지상명령(마 28:18-20)은 성경이 말하고 있는 교육적인 적용점을 잘 나타내고 있다.

그러므로 성경에 나타난 문화명령과 지상명령과의 연관성을 염두에 두고 인간 문화의 특징을 이해할 수 있다. 인간의 문화적 과업들은 인간이 이 땅 위에 존재하는 역사의 마지막 날까지 계속된다는 사실을 알 수 있다. 또한, 과업은 종말론적인 완성의 날을 향해 간다. 종말은 시간을 기준으로 두 가지 형태로 나타난다.

---

21 이석철, 『교육으로 목회를 보다』, 18.
22 장동수, "성경적 관점에서 본 문화" 허긴 편, 『문화를 알면 교육이 보인다』(대전: 침례신학대학교 출판부, 2003) 11.

첫째, 예수님이 재림을 성취하면서 이루어지는 종말의 완성
둘째, 예수님이 재림하시기 전 인간이 사망하는 인간 수명의 종말

인류는 이 두 가지의 종말에서 벗어날 수 없다.

3. 기독교 교육의 목적과 목표

구약성경에서 하나님은 이스라엘 백성에게 십계명을 주셨다.

> 하나님이 이 모든 말씀으로 말씀하여 이르시되 나는 너를 애굽 땅, 종 되었던 집에서 인도하여 낸 네 하나님 여호와니라 너는 나 외에는 다른 신들을 네게 두지 말라 너를 위하여 새긴 우상을 만들지 말고 또 위로 하늘에 있는 것이나 아래로 땅에 있는 것이나 땅 아래 물 속에 있는 것의 어떤 형상도 만들지 말며 그것들에게 절하지 말며 그것들을 섬기지 말라 나 네 하나님 여호와는 질투하는 하나님인즉 나를 미워하는 자의 죄를 갚되 아버지로부터 아들에게로 삼사 대까지 이르게 하거니와 나를 사랑하고 내 계명을 지키는 자에게는 천 대까지 은혜를 베푸느니라 너는 네 하나님 여호와의 이름을 망령되게 부르지 말라 여호와는 그의 이름을 망령되게 부르는 자를 죄 없다 하지 아니하리라 안식일을 기억하여 거룩하게 지키라 엿새 동안은 힘써 네 모든 일을 행할 것이나 일곱째 날은 네 하나님 여호와의 안식일인즉 너나 네 아들이나 네 딸이나 네 남종이나 네 여종이나 네 가축이나 네 문안에 머무는 객이라도 아무 일도 하지 말라 이는 엿새 동안에 나 여호와가 하늘과 땅과 바다와 그 가운데 모든 것을 만들고 일곱째 날에 쉬었음이라 그러므로 나 여호와가 안식일을 복되게 하여 그 날을 거룩하게 하였느니라 네 부모를 공경하라 그리하면 네 하나님 여호와가 네게 준 땅에서 네 생명이 길리라 살인하지 말라 간음하지 말라 도둑질하지 말라 네 이웃에 대하여 거짓 증거하지 말라 네 이웃의 집을 탐내지 말라 네 이웃의 아내나 그의 남종이나 그의 여종이나 그의 소나 그의 나귀나 무릇 네 이웃의 소유를 탐내지 말라 (출 20:1-17).

하나님은 십계명을 통해 이스라엘 민족에게 하나님의 사람으로 삶을 살아가는 것에 대한 기준 및 지침을 제시하여 주셨다. 십계명의 1계명에서 4계명은 하나님에 대한 태도(출 20:3-11)를, 나머지 5계명에서 10계명은 하나님의 사람으로 인간과 인간 사이에 지켜야 할 사회질서를 제시한다(출 20:12-17).

하나님께서 인간에게 가르치신 계명은 신명기에도 나타난다(신 6:1-26). 신명기는 출애굽한 이스라엘 민족이 차지할 가나안 땅에서 행해야 할 생활 지침이며, 인생 지침이다.

가장 먼저 가르친 것은 하나님에 대한 것이다. 신명기 5장 2절에 "너와 네 아들과 네 손자들이 평생에 네 하나님 여호와를 경외하며"라고 가르치고 있다. 신명기 6장 3절은 이 규례를 행할 것을 권면하며, 4절부터는 하나님을 어떻게 섬길 것인가에 대하여, 인간이 하나님의 사람으로서 어떻게 행동해야 하는지 자세히 가르치고 있다. 그 내용은 하나님을 사랑하고, 말씀을 마음에 새기며, 자녀에게 부지런히 가르치며, 삶 속에서 하나님의 말씀을 잊지 않는 것이다.

신약성경에서 예수님은 두 개의 새 계명을 주셨다(마 22:37-40).

첫째, 하나님을 사랑하는 것
둘째, 서로 사랑하는 것(내 이웃을 내 몸과 같이 사랑하는 것)

구약성경의 십계명은 예수님을 통해서 두 개의 계명으로 축소된 듯하나, 내용 면에서 살펴보면 대주제의 측면에서 유지됨을 알 수 있다. 따라서, 구약과 신약의 계명을 살펴보면 기독교 교육의 대상을 알 수 있다.

첫째, 하나님
둘째, 인간

셋째, 하나님과 인간

넷째, 인간과 인간

또한, 기독교 교육의 내용은 하나님에 관하여, 인간에 관하여, 하나님과 인간의 관계, 인간과 인간 사이의 질서 유지를 위한 것이며, 그 바탕이 되는 성품은 '사랑'임을 알 수 있다.

요약하면, 기독교 교육의 목적은 '인간이 하나님을 아는 지식이 그리스도의 장성한 분량이 이르게 하는 것'이며, 목표는 '인간이 하나님을 경외(사랑)하게 하며, 인간사에서 앎을 실천하는 것'이다.

기독교 교육이 존재하는 이유는 복음이 온전히 전달되는 인간적인 전달의 통로가 필요하기 때문이다. 즉, 예수 그리스도로 말미암아 세상에 들어온 생명이 모든 사람에게 널리 미쳐서 구원을 얻게 하기 위함이다.

그러므로 기독교 교육은 사람이 어렸을 때부터 늙을 때까지 더욱 완전히 또 가장 확실한 방법으로 예수 그리스도의 교회 중심적 생활에 들어가도록 계획하여야 한다.[23]

교회는 교육 계획을 세우는 데 초점이 된다. 즉, 성경과 교회는 서로 연결되어 있어서 분리할 수 없다. 교회는 성경의 내용을 끊임없이 잘 가르침으로써 인간의 삶 속에서 성경의 말씀, 즉 하나님이 역동하실 수 있도록 해야 한다.

1) 신명기에 나타난 기독교 교육: 쉐마

신명기 6장 4절은 '이스라엘아 들으라'로 시작한다. 히브리어로는 '쉐마 이스라엘'이다. 그래서 흔히 본 구절을 '쉐마'라고 부른다.

---

23 James D. Smart, 『교회의 교육적 사명』, 장윤철 역 (서울: 대한기독교 교육협회, 1960), 139.

쉐마는 십계명의 첫 계명을 긍정적으로 바꾸어 재서술한 표현으로 이해된다. 이 구절의 하반절은 "우리 하나님 여호와는 오직 유일한 여호와이시니"로, 이것은 하나님의 본성을 강조한다.

> 이스라엘아 들으라 우리 하나님 여호와는 오직 유일한 여호와이시니 너는 마음을 다하고 뜻을 다하고 힘을 다하여 네 하나님 여호와를 사랑하라(신 6:4-5).

(1) 마음을 다하고

'마음'(לבב, 레바브)은 신약성경에서 '마음'(카르디아, καρδία, mind)으로 번역되었다. 마음은 인간의 내면적 활동인 지식, 감정, 의지(知, 情, 意)를 통합한 정신적 작용으로 선악을 판단하는 힘이다. 또한, 인격과 행위를 결정하는 근간이며 생명의 힘이 일하는 장소이고, 종교·도덕(윤리) 생활의 중심이다.

또한, 하나님과의 관계가 가능한 교제의 처소이며 하나님의 계시를 수용할 수 있는 통로를 말한다. 마태복음 23장 7절의 레바브에 해당하는 70인역의 번역은 '디아노이아'로 되어 있으며, 이것은 '힘'에 해당하는 '디아노이아'가 '심령'(mind)의 의미에 가까움을 보여 준다.

(2) 뜻을 다하고

'뜻, 성품'(נפש, 네페쉬)은 신약성경에서 '목숨'(프쉬케, ψυχή)으로 번역되었다. 프쉬케는 고전 그리스어로 본래 '숨'으로 쓰인 단어로 '마음, 영혼, 정신, 나비'라는 뜻이 있다. 아리스토텔레스는 프쉬케를 영양 섭취, 생식 능력, 감각 능력, 욕구 능력, 장소적 이동의 능력, 표상 능력, 이성 능력 등 신진대사와 사고 활동 전반의 생명 작용 자체로 설명하려 했다.

신약성경에서는 이 단어를 생명, 영혼, 심혼으로 다양하게 응용되어 사용하였다.

(3) 힘을 다하여

'힘'(מאד, 메오드)은 신약성경에서 '뜻'(디아노이아, διανοία)으로 번역되었다. 디아노이아는 인식을 의미하는 그리스어다. 아리스토텔레스는 일반적으로 지적 활동을 설명함에서 널리 쓰이는 말이지만 직관적 인식으로서의 '누스'(nous)와 구별할 때는 논리적 인식을 의미한다.

'힘'으로 번역된 '메오드'는 부사적 의미로 '매우'(very)라는 뜻이 있다. 또한, 힘은 이중적인 의미를 내포한다. 곧, 힘으로 대변되는 '능력'의 의미와 '부'(富)로 대변되는 '수단'의 의미가 강하다.

탈무드에서는 '힘을 다하여'란 문구를 '너의 모든 돈을 가지고'(will all your money)라고 번역하는데, 이것은 영육 간의 하나님 섬김에 대한 조화를 맞추기 위한 의도에 기인한 것이다.

(4) 네 하나님 여호와를 사랑하라

'사랑하라'에 사용된 '아하브'(אהב)는 고대 근동 지역의 봉신 조약 내용에 사용되는 문구로서 주종 관계 속에서의 '충성'을 가리킨다. 곧 쌍방 간의 조약 내용에 충실히 이행하며 지정된 모든 명령과 규례에서 벗어나지 않을 것을 의미하는 표현이다.

'경외하다'에 해당하는 히브리어 '티라'(תירא)는 단순히 '두려워하다'라는 의미보다 하나님에 대한 순종, 하나님에 대한 경외심을 가지고 섬기는 일체의 의식 행위를 가리키는 것으로 이해해야 한다.

즉, '경외하다'는 인간이 하나님을 사랑하는 모습의 표현으로 이해될 수 있다. 율법의 핵심은 행위 이전에 마음으로 오직 하나님을 사랑하는 것에서 출발된다.[24] 요한은 하나님을 사랑하는 것의 결과로 그 명령에 순종함을 언급한다(요이 1:6).

---

24   강병도, 『카리스 주석 18, 신명기』(서울: 기독지혜사, 2009) 353-56.

2) 인간과 기독교 교육

인간은 평생을 배우는 과정 안에서 산다. 인간에게 기독교 교육은 삶을 살아가면서 하나님을 끊임없이 배우고, 익히고, 하나님에 대한 영성을 계발하고, 후대에 지식과 기술, 태도 등을 전수해 가는 과정이다.

인간은 동물과 다른 인격체다. 인간의 인격을 세 부분인 지성, 인성, 영성으로 구분할 수 있다. 그러나 인격을 세 부분으로 구분하였다고 해서 인간 존재를 구분 지어 명확하게 설명할 수 있는 것은 아니다. 단지 인간을 조금 더 자세히 이해하기 위한 편의상의 구분일 뿐 인간은 종합적이고 통합적인 전인격인 존재로 이해해야 한다.

(1) 지성

지성은 인간의 지적인 영역에 지식으로 채워지는 것으로 성숙한 신앙은 성숙한 기독교적 지성의 함양을 유도하는 것이야 한다.[25] 즉, 지성은 앎(know)이다. 기독교 교육에서 앎이란 '하나님을 알게 되다, 깨닫다, 이해하다, 의식하다, 확신하다' 등으로 표현된다. 앎은 단순히 지식을 습득한 것에서 형성되는 것이 아니라 습득한 지식이 이해되고, 믿어지는 현상을 수반하여야 한다.

지성은 교육을 통해 강화되는데 교육의 형태는 형식적 교육만 존재하는 것은 아니다. 인간은 삶을 살아내는 과정 안에서 형식, 비형식, 무형식의 교육 형태 속에서 지식을 습득한다. 또한, 공동체 내의 자발적이면서 비자발적인 상황 안에서 학습이 일어나기 때문에 학습자는 의도된 형태와 의도되지 않은 형태 안에서 지식을 습득할 수 있다.

---

25 이석철, 『기독교 성인사역론』(대전: 침례신학대학교출판부, 2008), 109.

(2) 인성

인성은 하나님께서 인간을 창조하실 때 많은 피조물 중에 인간에게만 부여하신 성격이다. 인성은 유전적으로 주어진 기질과 성격 그리고 사회 구조 안에서 학습된 도덕성이 있다.

기질은 생애 초기부터 나타나는 일관되고 안정적인 특성을 의미하는 것으로 인간의 행동과 성격 발달에 있어 개인차의 근원으로 여겨진다. 기질은 유전적이며 생물학적인 특성을 지니고 있지만, 어떤 행동이 기질을 가장 잘 나타내는지는 아직까지 확실하게 밝혀지지 않았다. 기질은 선천적으로 타고나는 속성이라 할지라도 환경에 의해 영향을 받고 있다. 즉, 기질은 기본적으로 유전적 과정에 토대를 두지만, 환경과의 상호 작용을 통해 변화된다.[26]

성격이란 개인을 특징짓는 지속적이며 일관된 행동 양식을 말한다. 그러나 성격은 한 마디로 정의하기 어려운 개념 중 하나다. 행동학파들은 성격을 단순히 관찰이 가능한 행동으로 정의한다. 그러나 심리학자들은 밖으로 드러나는 행동만을 의미하는 것이 아니라고 주장한다.

성격은 사람들이 말하고 행동하는 것 이상의 정서를 포함한다. 성격은 사람됨을 가장 적절히 드러내는 개인적 측면으로 다른 사람과 구별되는 독특하고 일관성 있는 감정, 사고, 행동을 의미한다.[27]

따라서, 성격은 개인에게 나타나는 인성이지만 인간은 혼자서는 살 수 없고 사회 속에서 존재하므로 타인과 영향을 주고 받는 사회성과 연결된다.

도덕성이란 선악을 구별하고, 옳고 그름을 바르게 판단하며, 인간관계에서 지켜야 할 규범을 준수하는 능력을 말한다. 도덕성은 인간의 본성에 대한 연구 주제 중 하나로 철학자와 신학자들은 인간의 본성에 관한 열띤 논쟁을 거듭해 왔다.

---

26 정옥분 외 2명, 『애착과 발달』 (서울: 학지사, 2023), 244-8.
27 정옥분, 『발달심리학: 전생애 인간 발달』 (서울: 학지사, 2021), 515.

인간은 도덕성 발달에 관심을 가지고 있는데 어떤 행동이 바람직한 행동이고 윤리적인 행위인지, 어떻게 하면 우리 사회가 도덕적인 사회가 될 수 있는지에 대해 관심과 고민이 매우 많다.[28] 도덕성 발달은 자신이 속한 사회의 문화적 규범에 따라 행동하도록 배우고 이를 자신의 것으로 받아들이는 과정을 통해 이루어진다.

(3) 영성

영성이란 인간의 정신세계와 연관된 개념이며 이것은 초월적 존재인 신과의 관계에서 형성되어 인간의 행동에 나타나 표현되는 것이다.

영성은 인간의 행동과 삶의 방향을 결정하기에 매우 복잡한 개념이다. 또한, 영성은 개인마다 표현하는 방식과 내용이 다르므로 종합하여 일원화시키기 어렵다는 특징이 있다.

인간은 지성, 인성을 모두 동원하여 영성을 발달시켜야 한다. 인간이 영성을 발달시킨다는 것은 무언가 신비한 체험, 보통의 사람은 공유할 수 없는 독특한 경험을 갖는 것이 아니다. 혼자만 알고 느끼는 신비한 체험과 지성은 신비주의, 영지주의 특징으로 순수 기독교의 영성이 아니다. 기독교인은 오롯이 성경을 통해 하나님을 알 수 있으며 하나님은 성경에 자신을 모두 나타내셨다.

영성 발달의 이상적 모델은 바로 예수님이시다. 예수님은 곧 하나님이시다. 그러므로 예수님을 바로 알고, 믿고, 경험하는 것이 신자 교육의 모든 것이며 전부이다. 성경에 나타난 것 외에 다른 내용과 방법 그리고 경험은 없다.

영성 발달의 목표는 예수 그리스도의 장성한 분량에 이르는 것이다. 예수님은 성육신하신 하나님으로 근본 하나님이시지만 종의 형체 즉, 인간의 몸으로 이 땅에 현현하신 하나님이시다. 따라서, 인간은 예수님을 영성 발달의 모델로 삼아 그를 닮아가기를 지향해야 한다. 인간

---

[28] 정옥분, 『성인·노인심리학 3판』 (서울: 학지사, 2023), 193.

은 하나님을 아는 지식의 지성, 하나님의 말씀을 실천하는 인성, 하나님과 교통하는 영성을 갖추어야 한다.

영성은 하나님과 하나가 되는 삶이며 신앙은 개인적이지만 신자는 공동체 안에서 성장한다.[29] 개인의 영성은 공동체 안에서 그 사람의 말과 행동으로 표현된다. 삶의 현장은 개인이 속해 있는 공동체인 가정, 교회, 그 밖의 사회이다.

영성은 삶의 태도를 통해 나타난다(시 119:165-6). 태도(attitude)는 그 사람의 마음가짐, 즉 성품과 인격이 행동으로 표현되는 것인데, 이 태도는 타인으로부터 자연스럽게 평가된다. 사람은 자신의 성품과 인격의 표현으로 하나님께 영광 돌리는 삶을 사는 것이다.

하나님께 영광 돌리는 삶은 바로 타인으로부터 칭찬받는 형태로 나타난다. 이 타인은 믿는 자와 믿지 않는 자를 모두 포함한다. 그러므로 높은 영성을 지닌 사람은 하나님의 말씀에 입각한 거룩한 행실이 삶에서 구현되도록 배우고, 노력하고, 실천하는 태도를 보인다(벧전 1:15; 벧후 3:11).

영성을 개발하기 위해서는 교육(learning)과 훈련(training)이 필요하다(딤전 4:8). 영성 훈련의 대표적인 활동은 말씀, 기도, 찬양이다. 인간은 하나님의 말씀을 배우고, 하나님께 도움을 구하며 기도하고, 하나님께 찬양을 부르는 행위를 통해 하나님께 영적 예배를 드린다(롬 12:1).

인간은 태어남과 동시에 평생 살아가는 삶의 시간 안에서 경험을 통해 하나님을 깊이 알아가게 된다. 인간은 나이가 든다고 해서 저절로 높은 영성을 지니는 것은 아니다. 기독교 교육자는 학습자가 그리스도의 장성한 분량의 성숙한 길로 나아가도록 계속해서 배우고, 성장하며, 계발될 수 있도록 다양한 학습 경험에 참여하도록 배움의 장을 마련해 주어야 한다.

---

29   노은석, 『기독교 교육 다잡기』, 290-3.

그러므로 기독교 교육자의 책무는 인간이 삶의 모든 영역에서 계속적으로 발달되도록 도움, 촉진, 격려하는 것이다.[30]

3) 기독교 교육의 목표 설정

기독교 교육의 목표를 기술할 때 심사숙고해야 하는 것은 앎의 형성 절차를 이해하면 유익하다. 앎은 지적, 정의적, 의지적 영역에서 이루어지고, 그 앎이 온전히 삶에서 실현될 때 전인격적으로 하나님을 만나고 경험하는 것으로 목표가 달성되었다고 여겨진다.

성숙한 영성을 위한 교육이란 신앙에 대한 통전적이고 전인적인 이해를 바탕으로 접근해야 한다.[31] 즉, 신앙이란 인간 정신 기능인 지(知), 정(情), 의(意)라는 차원을 모두 동원하는 전인적 행위다.

하나님을 믿는 것은 일반 교육에서 교육 목표를 다루는 것과는 성격이 다르다. 기독교 교육에서의 교육 목표의 달성은 인간의 열심만으로 되지 않는다. 믿는다는 것은 하나님과 인간이 함께 상호 협력적으로 인격적인 만남이 경험으로 수반되어야 한다. 인간이 하나님을 만나는 것에는 하나님의 계시 역사하심이 큰 부분을 차지한다.

그러므로 하나님을 전인격적으로 만나는 일에는 하나님의 은혜와 더불어 인간이 하나님을 알고자 하는 노력, 혹은 만나고자 하는 사모함이 반드시 수반되어야 한다.

하나님은 인격적인 분이시다. 하나님은 모든 것을 이룰 수 있는 초월적인 존재이시지만 인간에게 초월적 지위를 남용하시지 않는다. 하나님을 가르치는 일에는 교육 활동이 하나님을 앞설 수 없고, 하나님은 인간의 의지를 존중하시기에 하나님 앞으로 나아오는 인간의 고백을 기다리신다.

---
30 박경호, 『기독교 평생교육론』(서울: 기독교문서선교회, 2014), 137.
31 이석철, 『기독교 성인교육론』, 99.

그러므로 온전히 기독교 교육이 이루어지기 위해서는 하나님이 학습자의 삶에 일하시도록 모든 영역에서 학습자인 인간의 마음의 준비가 요구된다.

(1) 지적 영역

신앙의 지적인(cognitive) 차원은 믿음의 내용에 대한 지능, 사고력, 문제 해결 능력 등이다. 지적 영역은 지식, 이해, 적용력, 분석력, 종합력, 그 외적 준거에 의한 판단 등이 있다.

B. S. Bloom은 지적 영역의 세부 목표 중 지식은 가장 낮은 정신 능력이고 평가력으로 올라갈수록 높은 차원의 정신 능력이 된다고 설명하였다. 지적 목적은 학생에게 어떤 사실이나 사건을 알려주는 것, 정보를 제공하는 것, 혹은 뜻을 해석하는 것을 목표로 수업을 진행할 때 사용된다.[32]

성경은 우리가 믿어야 할 내용에 대하여 분명히 말해 주고 있으며, 인간이 무엇을 믿느냐의 문제는 매우 중요한 것이다.[33] 바울은 고린도전서 15장에서 우리가 믿어야 할 내용의 핵심을 '복음'으로 제시하였고, "너희가 만일 나의 전한 말을 굳게 지키고 헛되이 믿지 아니하였으면 이로 말미암아 구원을 얻으리라"(고전 15:2)고 말하였다.

즉, 기독교 교육에서의 지적인 영역은 하나님을 가르치고, 알게 하는 것이다. 바울은 디모데에게 진리의 말씀을 옳게 분별하여 부끄러울 것이 없는 일꾼으로 하나님 앞에 세워질 것을 권면하였다(딤후 2:15). 이는 기독교 교육 교사나 학습자 모두에게 하는 말씀이다.

---

32 노은석, 『기독교 교육 다잡기』, 274.
33 이석철, 『기독교 성인교육론』, 107.

(2) 정의적 영역

신앙의 정의적(emotional) 차원은 하나님을 향한 인간의 다양한 감정 반응을 가리킨다. 정서란 사전적인 의미로 '사물에 부딪쳐 일어나는 온갖 감정'을 의미한다. 정서는 감정의 격한 정도와 관계없이 정적인 의식을 수반하는 모든 행동을 의미한다. 심리가 마음의 상태 또는 의식의 작용이라면 정서는 대상에 대한 느낌이다. 성경은 전통적으로 신앙의 내용이 믿는 자의 지식의 습득으로만 머무는 것이 아니라 마음에 의한 전적인 공감과 수용이 있어야 함을 말한다.[34]

진정한 신앙은 믿음의 대상과 내용에 대한 마음으로부터의 동의를 불러일으키고 그에 따라 마음이 움직이도록 만든다. 이석철은 참된 기독신앙은 하나님에 대한 사랑과 그를 알아가는 기쁨 그리고 그를 영화롭게 하고자 하는 열망을 내포하는 것이라고 말하였다. 이런 점에서 기독교 교육의 정의적 차원은 하나님과 인간의 관계적(relational) 차원이라고 할 수 있다.

감화적 목적은 어떤 사건이나 사실의 이해를 깊게 해주거나 태도를 발전시키는 것을 목표로 할 때 사용된다.[35]

(3) 의지적 영역

신앙의 의지적(volitional) 차원은 어떤 일을 이루고자 하는 마음이 적극적이고 강한 것을 말한다. 의지적인 행동이란 신앙생활에 대해 의욕적인 태도, 의지에 의한 결정, 결단력 있는 행동 등으로 표현된다. 즉, 하나님을 알고자 하는 마음과 하나님의 말씀을 실천하고자 노력하는 행동이다.

진정한 신앙 교육은 한 개인이 부합하는 의지적인 행위를 하도록 만들며, 이것은 그 사람의 삶에서 일관성 있는 하나의 패턴과 양식(life-

---

34 이석철, 『기독교 성인사역론』, 108.
35 노은석, 『기독교 교육 다잡기』, 274.

style)으로 자리잡게 한다.³⁶

예수님께서 "너희가 나를 사랑하면 나의 계명을 지키리라"(요 14:15)고 하셨으며, 야고보는 "영혼 없는 몸이 죽은 것 같이 행함이 없는 믿음은 죽은 것이니라"(약 2:26)고 하심으로써 신앙의 의지적 행위의 측면을 강조하였다.

행동 반응적 목적은 생활에 적응하는 것을 목표로 수업이 진행될 때 사용된다.³⁷

(4) 전인격적 만남

하나님에 대한 지식을 가르치는 것은 기독교 교육 과정의 출발점이다. 기독교 교육 과정은 노출, 반복, 이해(감화), 확신, 적용·실천의 5단계로 이루어진다.

첫째, 노출 단계다. 하나님의 말씀 내용이 학습자에게 알려지는 것, 말씀의 정보 제공을 통해 학습자는 지적으로 하나님에 관한 내용을 알게 되는 것이다.

둘째, 반복 단계다. 학습 내용을 한번 배웠다고 해서 그 내용을 안다고 볼 수는 없다. 따라서, 내용을 반복적으로 가르침으로써 학습자가 충분히 내용을 숙지하도록 해야 한다.

셋째, 이해 단계다. 학습자는 이 단계에서 제공받은 내용을 비로소 이해하게 되어 마음과 정신 깊이 하나님을 깨닫는 단계다.

넷째, 확신 단계다. 지식으로 알게 된 하나님의 말씀이 마음 깊숙이 새겨지며, 삶 가운데에서 하나님을 경험하게 되는 단계를 갖는 것이다.

---

36 이석철, 『기독교 성인사역론』, 108.
37 노은석, 『기독교 교육 다잡기』, 274.

다섯째, 적용·실천의 단계다. 정보 제공으로부터 시작된 하나님에 대한 지식이 학습자의 지성과 인성에 영향을 미쳐 결국 말씀대로 행동하고 실천하게 하는 최종 단계에 이르는 것이다.

기독교 교육의 완성은 교육 과정 5단계의 수행을 성실히 마쳤을 때 이루어졌다고 볼 수 있다. 지식의 노출과 반복은 지적 영역이며, 이해와 확신은 감화적(정의적) 부분이다. 마지막으로 확신과 적용은 행동 반응적(의지적) 영역이다. 이 세 부분의 영역에서의 목적과 목표가 달성되었을 때 인간은 하나님을 전인격적으로 만났다고 말할 수 있다.
즉, 지식을 가르치는 것은 기독교 교육의 출발점에 불과하다.

4. 기독교 교육의 장(場)

기독교 교육의 장(場)은 인간이 속하여서 삶을 살아내는 모든 공간이다. 인간은 혼자서는 살 수 없는 존재다. 또한, 인간은 일생을 살면서 다른 인간과 더불어 공동체를 이루며, 공동체 안에서 산다. 그러므로 인간이 삶을 영위하면서 타인과 더불어 존재하는 장소인 가정, 교회, 그 밖의 사회 기관은 모두 기독교 교육의 장이라고 할 수 있다.

1) 기독교 교육의 장으로서 가정

가정이란 단어는 성경에 직접 언급되지 않았다.[38] 그러나 가정은 하나님이 직접 세우신 기관으로 창세기에서 그 유래를 찾을 수 있다(창 2:22-24).

---

38 Charles M. Sell, 『가정사역』, 정동섭 역 (서울: 생명의 말씀사, 1997), 113.

성경에 따르면 가정은 하나님의 창조 질서로 시작되고, 존재한다. 가정은 하나님으로부터 시작된 것이며, 하나님의 규제 아래 있다(창 1:26-28; 2:24). 가정은 하나님 창조의 구체적 영역 중 하나로 존재한다.

하나님의 창조는 하나님의 형상을 지닌 인간을 창조하시는 날에 절정에 이르며, 가정이라는 최초 인간 공동체를 형성함으로 하나님의 뜻을 나타내게 하셨다. 가정의 목적은 다음과 같다.

첫째, 종족 번식
둘째, 가족 간의 관계를 통해서 서로 이해와 사랑을 제공하는 것
셋째, 부부간의 성적 욕구를 표출하는 통로
넷째, 가정을 통해 하나님 나라가 확장되는 것[39]

창조 사역에서 나타난 가정의 역할은 다음과 같다.

첫째, 독립
둘째, 출산
셋째, 관리자의 역할

가정은 하나님이 자신의 형상을 따라 창조하신 남자와 여자의 본질에 기초하고 있다.

첫째, 남자가 부모를 떠나 독립하여 그 아내와 연합하여 둘이 한 몸을 이룸으로 가정은 형성된다.
둘째, 형성된 가정의 사명은 하나님의 축복에 따라 출산함으로 생육하고 번성하는 역할을 한다.

---

[39] T. B. Maston, 『성서 그리고 현대가정』, 이석철 역 (서울: 요단출판사, 1991), 54-6.

셋째, 땅에 충만한 가정은 하나님의 청지기로서 하나님이 창조하신 세계를 잘 다스리는 관리자의 역할을 수행한다.

그러므로 하나님의 창조 사역에서 시작된 가정은 이 땅에서 하나님의 뜻을 구현하는 기관으로 중요한 의미가 있다.[40] 따라서, 가정은 사회제도의 산물이 아니라 하나님의 창조 질서이며, 하나님의 뜻을 따라 만들어진 축복의 기관이며, 가족 구성원이 하나님을 알게 하고, 가르치는 장으로서 역할이 있다.

가정은 하나님과 인간 사이에 언약의 관계를 드러내는 장소다. 하나님께서 인간과 주권적으로 맺은 언약은 가정에 대한 신학적 이해를 위한 중요한 요소가 된다. 하나님과 인간의 언약 관계는 결혼과 가정의 본질을 언약의 관계로 이해하는 바탕이 된다. 하나님께서는 남자와 여자를 상호 보완적 관계로 창조하시고, 이러한 창조의 섭리는 사람들 사이의 상호 의존과 협동적 상호 작용이라는 목적을 성취하고 있다.

가정은 한 남자와 여자가 만나 부부로 결성되면서부터 시작되며, 이후 자녀를 출산함으로 가정의 규모는 확대되고, 자녀가 출가하면서 원가정은 축소되지만 새로운 가정이 탄생하게 되는 것은 분화 현상으로 또 다른 하나님의 가정이 확장되는 현상을 일으킨다.

하나님 안에서의 모든 가정은 하나님의 가르침을 따르고 있다. 즉, 가정은 교회가 생기기 훨씬 전부터 형성된 가장 기본적인 신앙공동체이며 최초의 거룩한 사회 기관이다.

가정에서 기독교 교육이 가장 효과적으로 이루어지는 때는 가정 그 자체가 기독교 가정이 되는 때다.[41] 즉, 가정에서의 기독교 교육은 비형식적, 무형식적 형태가 주류이기 때문에 기독교 문화가 충만한 가족 간의 분위기는 기독교 교육의 출발점이며, 교육 환경의 기초적 배경이

40　박행님, 『기독교가정생활교육』 (서울: 달빛, 2022), 27-8.
41　Roger Shinn, *The Educational Mission of Our Church* (Boston, Philadelphia: United Church Press, 1962), 93.

된다. 분위기란 환경 이상의 관계라는 차원과 공동체에서 생겨나는 제 3의 요인을 의미한다. 분위기 창조는 삶과 신앙, 신앙과 헌신을 교류하는 가장 힘 있는 방법이며 전달 매체다.

하나님은 사랑이시다. 하나님은 인간에게 사랑을 표현함으로 자신을 가르치셨다. 하나님은 사랑을 가르치는 최초의 장(場)으로 가정을 선택하셨다. 따라서, 가정은 조건 없이 사랑을 받는 곳인 동시에 사랑받을 만한 자격이 없을 때조차도 그러한 사랑을 기대할 수 있는 곳이다.

가정에서의 시작되는 인간관계의 두 중심축은 부부 관계와 부모-자녀 관계다. 부부는 부부 관계 안에서 하나님의 가르침을 받으며 성장하고, 부모-자녀 관계는 양육의 활동을 통해서 하나님을 가르치고, 배우게 된다. 부모는 자녀를 출산하면서 자녀 양육과 교육의 역할이 부여된다. 부모는 자녀에게 하나님을 가르치는 첫 번째 교사가 되는 것이다. 또한, 자녀는 부모로 하여금 하나님의 마음을 깨닫게 해주는 매개체로서 부모에게 무형식적으로 우연적 깨달음을 가져다 주는 삶의 현장 교사다. 이렇게 하나님은 가정이라는 공동체 안에서 부모와 자녀가 서로 영향을 주고 받으며, 하나님을 깨닫는 교육의 장이 되게 하신다.

2) 기독교 교육의 장으로서 교회

교회는 가시적 교회와 불가시적 교회가 있다. 가시적 교회는 물리적으로 보이는 건물로 신자들이 모여 예배를 드리는 공간이다. 보통의 사람들이 생각하는 교회는 신자들이 매주 모여 예배를 드리거나, 성경공부, 목장 모임을 하는 물리적인 건물을 떠올린다.

보통의 사람들이 인식하지 못하는 또 하나의 교회는 불가시적 교회로서 바로 '신자' 자신이 교회다. 신자는 우주적 교회를 의미한다. 즉,

우주적 교회는 하나님을 믿는 사람, 그리고 그들의 모임이다. 교회 용어 사전에 교회의 정의는 건물이나 장소를 나타내며, 예배, 조직이나 기구, 성직의 임무 그리고 예배자들의 몸(단체)으로 각각 정의하고 있다.

신약성경에서 교회를 나타내는 여러 가지 표현들은 바로 "사람"을 지칭한다(벧전 2:9; 고전 1:2; 고후 1:1; 살전 2:14; 엡 4:12 등). 즉, 교회는 건물이 아닌 모든 믿는 사람들로 구성된 공동체를 가리킨다. 교회를 지칭하는 헬라어인 'εκκλησια'(에클레시아)는 부르심을 받아 나온 무리, 혹은 부르심을 받아 나온 무리의 모임을 뜻한다. 교회는 하나님이 부르신 무리다. 하나님이 그 무리를 부르신 목적을 분명히 알고, 그 목적을 달성하기 위해 최선을 다해야 한다.

신자는 교회의 목적을 달성할 때 비로소 신자로 불릴 수 있다. H. M. Pohlmann은 "참된 교회는 자신의 교설의 올바른 가르침에서만 아니라 자신의 올바른 실천이 뒤따름에서 일어난다"고 말하였다.[42]

에베소서 1장에 나타난 바와 같이 하나님께서 택하신 백성으로 하나님을 영화롭게 하는 것이 교회의 목적이다. 따라서, 교회는 하나님께 영광을 돌리는 것에 모든 관심과 주의를 기울여야 한다.[43] 신자는 예배를 통해 하나님을 영화롭게 하고, 하나님을 직접적으로 만날 수 있다. 그러므로 신자는 예배와 말씀을 통해서 하나님을 만난다. 하나님의 말씀은 성경에 기록되어 있다. 인간이 하나님께 예배하는 것은 하나님이 인간을 창조하신 주된 목적일 뿐 아니라 하나님이 가장 기뻐하시는 일이다.

예배는 인간이 하나님을 향한 가장 기본적인 행위가 된다. 따라서, 교회는 하나님을 예배해야 한다. 예배는 하나님의 자기 계시에 대한 인간의 올바른 반응이기에 예배의 모든 초점과 관심은 인간이 아닌 하

---

42 Horst G. Pohlmann, 『교의학』, 이신건 역 (서울: 한국신학연구소, 2010), 387-9.
43 노은석, 『기독교 교육다잡기』(대전: 이화, 2014), 17.

나님에게 맞춰야 한다.

예배는 시간과 공간을 할애하여 신자들이 예배당에서 모여서 하는 것이 대표적인 형태로 인식되었다. 그러나 특별한 시간과 공간에서 드리는 예배와 구별되는 또 다른 예배는 바로 삶의 예배다. 삶의 예배란 모든 신자가 자신의 일상적인 삶을 통하여 드리는 예배다. 삶의 예배는 포괄적 영성이라고 볼 수 있다.

포괄적 영성이란 인간의 삶을 구성하는 요소(가족, 일, 재정 등)와 기독교를 동일한 요소로 생각하지 않는 것이다. 즉, 기독교를 삶의 일부분으로 보는 것이 아니라, 삶의 모든 요소를 감싸는 것으로 보는 것이다. 이것은 하나님이 우리 인간의 삶의 모든 요소에 관여하고 계심을 강조하는 것이다. 그러므로 포괄적 영성이란 예배와 일상의 삶을 분리해 생각해서는 안 된다는 것을 뜻한다. 즉, 신자는 가정과 직장, 학교 그리고 교회의 모든 영역에서 자신의 삶을 통해 하나님의 영화로움을 드러내야 한다. 하나님의 영화로움을 드러내는 행위는 삶의 예배가 된다.

교회의 기능은 대표적으로 예배, 봉사, 교제, 전도, 교육 기능이 있다. 이러한 교회의 기능을 잘 수행하기 위해서는 교육이 필요하다. 즉, 신자가 참된 신자가 되기 위해서는 교회에서 신앙생활을 위한 교육이 이루어져야 한다. 진리의 말씀을 분별하여 하나님을 올바로 가르치는 일, 성도로서 신앙 안에서 온전히 세워져 가는 방법, 성도와 성도 간에 온전하게 교제를 하는 것 등 교회가 온전한 교회가 되도록 하는 내용을 담은 교육이 실행되어야 한다.

성경에서는 교회에서의 가르치는 사역이 우리가 선택할 수 있는 영역 중의 하나가 아닌 것으로 이야기하고 있다. "교회는 부설 학교를 가진 종교 기관이 아니다. 교회는 본질에 있어서 교육하는 공동체(학교)다. 그리스도는 위대한 교사이고, 성령은 그의 해석자요, 성소는 주된 교과서다. 따라서, 목회자는 학교의 주요한 관리자가 되며…모든 교인은 동등한 학생이 된다."[44]

기독교 교육의 목표는 삶의 영적인 변화다. 즉, 예수님의 장성한 분량에 이르는 것을 가장 이상적인 교육 목표로 삼고 있다. 장성한 분량의 다른 표현은 예수님을 닮아 가는 것으로 표현될 수 있으며 이는 영적 성숙을 의미한다.

일반 교육에서는 인간의 전인적 발달에서 영적인 부분인 예수님의 장성한 분량이나 예수님을 닮아 가는 것에 대해서는 전혀 관심이 없다. 삼위이신 하나님이 기독교 교육의 주요한 교육 내용이고 목표이자 동시에 방법이 된다. 하나님은 교수 학습의 과정에서 성령의 역사를 통한 교육 방법을 궁극적이고 가장 좋은 교육 방법으로 사용하고 있다.

일반 교육과 다른 기독교 교육의 독특성은 바로 교육 내용에 있다. 기독교 교육의 교육 내용인 성경은 성부 하나님의 자기 계시이고, 다른 말로 표현하면 하나님이 인간을 향하신 교육의 주체자라고도 할 수 있다.

구약성경에서 나타난 하나님의 사역은 인간을 향한 하나님의 교육 사역이고, 교육의 대행자로 예언자, 제사장, 레위인, 지혜자, 율법학자, 랍비, 국가로서의 사람 등을 내세웠다. 즉, 모든 진리의 작가이자 발표자는 하나님이고 학생과 교사는 모두 이 진리 앞에 서야 함을 의미한다.[45]

3) 기독교 교육의 장으로서 사회 기관(학교, 회사, 국가, 동호회 등)

인간은 사회적 존재다. 인간은 태초 이후부터 공동체를 이루어 살았으며 이 공동체를 사회로 지칭한다. 사회는 모임의 성격에 따라 학교,

---

[44] 고용수, 『교회 교육의 신학적 기초』, 기독교 교육 한국기독교 교육학회 편 (서울: 대한기독교교육협회, 1992), 34.
[45] Robert W. Pazmino, 『기독교 교육의 기초』, 박경순 역 (서울: 디모데, 2004), 22.

회사, 국가 등이 된다. 기독교 교육의 장은 인간이 속해 있는 모든 장소가 될 수 있다. 인간 삶의 중심이 되는 가정과 교회를 제외한 모든 사회 기관 역시 기독교 교육의 장이 될 수 있다.

신자들은 자신이 처해 있는 모든 사회 기관 안에서 그리스도의 향기(말씀)로서의 삶을 살아내야 하는 사명을 가지고 있다(고후 2:15). 향기는 눈에 보이지 않지만, 공기를 통해서 향을 전달한다.

그리스도인들은 믿지 않는 자들과 단절한 채로 살 수 없다. 학교나 회사, 동호회 등의 사회 기관에서 활동하면서 믿지 않는 자들과 반드시 부딪히며 살게 되어 있다. 그리스도인으로서의 좋은 믿음과 성품으로 무장하여 그들과 대면하며 그리스도의 가르침을 삶으로 살아내면서 비형식적, 무형식적 교육자로 살아야 한다.

그러므로 만인제사장[46]은 가정과 교회 내에서만 아니라 사회 기관에서도 수행할 수 있는 역할이다.

5. 노인의 사회적 지지 기반으로서 가정과 교회

초고령 사회로 진입하는 대한민국의 인구 구조에서 노년의 기간이 두터워졌다. 기대 수명의 상승은 의료 기술과 식생활의 발전으로 더욱 가속화되었다. 통계청 보도 자료에 따르면 한국인의 기대 수명은 1970년 62.3세였으며, 이후 빠른 증가세로 상승해 2023년에는 83.6세가 되었다.[47]

---

46 만인제사장: 신앙인은 모두 동일하게 제사장이라는 교리로 신자에게는 어떠한 계급도 없으며 누구나 하나님의 동등한 자녀임을 강조하는 평등의 개념이다. 또한, 모든 신자는 성경을 해석하고, 가르칠 자격과 역할이 있음을 주장하는 내용이다.
47 국가통계포털, "2021년 장래인구추계를 반영한 세계와 한국의 인구현황 및 전망", 2022. 9. 5 보도자료 https://kosis.kr/index/index.do, 2023년 11월 30일 접속.

이는 1970년과 비교하여 21.3세가 증가하였고, 작금의 한국 사회는 100세 시대의 진입을 향해 달려가고 있다.[48] 따라서, 길어진 노년기와 증가하는 노인의 수는 복지, 교육, 의료, 국민 생활 등의 많은 사회적 숙제를 안겨 주었다. 이런 사회 현상은 교회에도 동일하게 나타나며 고령 성도를 위한 효과적인 노인 사역에 대한 필요성과 전문성이 대두되고 있다.

노인은 성인이지만 이전과는 다른 새로운 자신의 모습을 신체적, 사회적, 정서적으로 직면하게 된다. 노년기 사회적 발달은 전인적으로 축소를 경험하는 시기이다. 사회적 발달의 축소 경험은 노인의 삶의 질에 영향을 미치므로 사회적 발달에 초점을 맞추어 알아보고자 한다.

노인을 규정하는 방법은 다양한데, 본 연구에서는 생물학적 나이 60세 이상이며, 사회적으로는 은퇴한 성인으로 규정한다. 노인의 사회적 지지 기반은 가정, 학교, 회사, 동호회, 교회 등 여러 단체를 들 수 있다. 노인은 친구 또는 지인들과의 관계를 통해 다양한 사회적 지지를 제공 받으며 심리적·신체적 안녕을 추구할 수 있다.

그러나 노인은 직업의 은퇴와 사별 그리고 자녀의 출가로 인해 불가항력적으로 사회적 지지 기반이 축소된다. 그 결과 노인은 대인 관계의 접촉이 줄어들고 기존의 역할이 감소한다.[49] 이렇게 축소된 사회적 지지 기반은 노인에게 외로움, 불안, 절망, 우울감 등을 갖게 하여 삶의 질을 저하시킨다.

따라서, 노년기에는 사회적 관계의 범위가 축소되는 것을 자연스러운 현상으로 받아들이고, 질적으로 밀도 높은 사회적 지지 기반을 형성하는 것이 중요하다.

48　한국의 기대 수명은 한국전쟁이 발발한 1950년 21.3세였으며, 전쟁이 끝난 직후인 1953년에는 41.7세였다. UN이 발표한 세계기대 수명은 1950년 46.5세, 1953년은 48.8세다.
49　이석철, 『기독교 성인사역론』 (대전: 침례신학대학교 출판부, 2008), 278.

노인 삶에서 사회적 발달의 저하는 노인의 영적 안녕감과 성공적인 생의 마무리를 저해하는 요인이 된다. 영적 안녕감이 주는 심리적 건강은 죽음을 긍정적으로 받아들이게 하여 노년기의 외로움과 불안에서 벗어나게 하고, 삶을 아름답고 풍요롭게 보내면서 생을 마감할 수 있게 한다.

이에 장혜경은 노인을 위한 긍정적 생의 의미와 가족 기능 발달을 촉진하는 전략의 개발이 필요할 것으로 전망하였다.[50] 그리스도인 노인의 삶에서 가장 오래 존속되는 사회적 지지 기반은 가정과 교회다.

따라서, 본 연구는 노인의 사회적 지지 기반으로서의 가정과 교회의 역할을 밝히고, 노인의 전인적 안녕감을 증진하기 위한 수행 과제를 가정과 교회에게 제안하는 것에 목적이 있다.

또한, 연구 결과물은 노인이 속한 가정과 목회 활동 현장에서 노인의 사회적 지지 기반 강화를 위한 연구와 활동에 이론적 토대가 될 것으로 기대된다.

1) 노인의 사회적 지지 기반으로서 가정

(1) 현대 사회에서 가정 역할과 변화

고령화 사회는 국가를 이루는 인구 구조에서 노인의 수가 증가하며, 고령자의 연령이 더욱 많아지는 특성이 있다. 즉, 고령 노인이 시간 흐름에 따라 나이가 드는 것 자체가 사회적 과제를 양산한다. 고령이 될수록 신체적 노화의 영향을 많이 받으면서 일상생활이 어려워지기 때문이다.

그 결과 노인은 타인의 도움이 절실해지면서 타인 의존성이 높아진다.[51] 따라서, 고령화 사회는 늘어난 수명으로 살아가게 될 새로운 삶

---

[50] 장혜경 외, "재가 노인의 자아통합감에 영향을 미치는 요인", 기본간호학회지, 18/4, 2011년, 529-537.
[51] 정옥분, 『성인·노인심리학 3판』 (서울: 학지사, 2023), 445.

의 단계를 인지하고, 건강하고 행복하게 살아가기 위한 지침을 만들고, 지침에 따른 생활 환경을 구축하는 것이 사회적 과제로 요구된다.

고령화 사회에서 노인으로 인하여 파생되는 문제는 매우 다양하다. 노인과 관련된 사회적 문제는 노인혐오, 학대, 중독, 자살, 고독사 문제 등이며 노인으로 인한 문제의 종류와 건수는 더욱 증가할 것으로 예상된다. 이에 국가와 공동체, 즉 가정과 교회는 고령화로 인하여 주어지는 과제에 대해 보다 세심하고 적극적인 대책 마련이 요구된다.

그중에 가정의 도움과 관심을 요구하는 몇 가지를 살펴보도록 한다.

첫째, 세대 갈등의 문제다. 세대란 일정한 연령대에 속하는 사람들로서 비슷한 사회적, 역사적 경험을 공유한 동시대인을 뜻한다.[52] 또한, 생물학적인 측면에서 30년의 연령 단위로 구분하는 것이다.

국가인권위원회 보고서에 따르면 노인에 대한 부정적인 인식의 주된 원인은 일자리와 복지 비용을 둘러싼 갈등이다.[53] 조사에 따르면 청년들의 인식에서 '노인 일자리 증가 때문에 청년 일자리 감소가 우려된다'(56.6%), '노인 복지 확대로 청년층 부담 증가가 우려된다'(77.1%)로 나타났다.

노인에 대한 청년층의 불만은 '틀딱충, 할매미, 연금충' 등 신조어를 만들어내며 세대 간 혐오의 골이 깊어지고 있다.[54]

그러므로 이러한 갈등을 완화하기 위한 사회적 중재가 필요하다. 지금의 노인들은 한국전쟁 이후 어려운 국가 경제 상황 속에서 도시와 경제를 발전시킨 주역이다.[55] 지금의 젊은이들이 누리는 경제적 풍요는 현대 노인의 노고가 고스란히 담겨있는 것이다. 그러므로 현대

52　송선희 외 7인, 『새로 쓴 노인교육론』(서울: 신정, 2016), 341.
53　국가인권위원회 정책교육국 사회인권과, 노인인권종합보고서 (서울: 국가인권위원회, 2018), 41.
54　박민영, 『지금, 또 혐오하셨네요』(서울: 북트리거, 2020), 73.
55　한국전쟁은 1950년에 발발하여 1953년에 종결하였다. 현대노인은 전쟁이후 1차 베이비부머(1955-1963), 2차베이비부머(1964-1973)로 출생하여, '신노년'이라고 불리는 세대이다. 현대 노인은 1950-60년대 절대빈곤, 70-80년대 산업화, 민주화, 90년대 정보화, IMF를 지나온 세대이다.

인은 지금의 사회를 이룩한 역사의 주역이 노인들이었음을 잊지 말아야 할 것이다.

우리나라보다 먼저 고령 사회를 경험한 일본은 2010년 전후로 '혐로사회'(嫌老社會, 노인혐오사회)라는 신조어가 탄생할 정도로 세대 간 갈등이 심각했다.[56] 일본은 해결 방안으로 고령자의 지역 사회와 세대 간 유대감 강화와 고용 안정성을 제고하였다. 일본은 청년에게 부모와 자녀, 그리고 지역 사회 전체의 유대를 강화하는 방식을 채택하였으며, 이후 노인혐오 갈등 문제가 해소되었다고 한다.

둘째, 노인학대의 증가다. 노인학대는 유형이 동시다발적으로 발생하며 보통 정서적, 신체적, 방임의 순서로 나타난다.[57] 특히, 정서적 학대는 학대의 결과가 물리적 형태로 나타나지 않고 신체적 학대를 더 심각한 행위로 간주하는 사회적 인식의 영향으로 연구자들이나 입법자들에게 개념 정의의 어려움을 초래하고 있다.

2022년 노인학대 보고에 따르면 노인학대의 주 가해자는 배우자(29.1%), 아들(27.2%), 기관(25.8%) 순으로, 가정 내에서 주로 이루어지고 있다.[58] 동거 형태가 자녀 동거 가구에서 노인부부 가구 비율이 높아지면서 이전 주 가해자가 아들이었으나 배우자가 1순위로 역전되는 현상을 보여 주고 있다.

셋째, 노인자살 문제다. <헬스조선> 보도에 따르면 2016년부터 2020년까지 65세 이상 노인의 자살은 1만 7천여 명으로 1년에 3천여 명이 자살로 생을 마감하고 있다. 우리나라는 OECD 가입국 중 노인자살률이 가장 높다.[59] 노인자살의 요인은 건강 문제, 사회적 역

---

[56] 윤동, "노인 싫어하는 청년들, 고령 사회 두려움 탓?", 아주경제, 2020년 1월 14일, https://www.ajunews.com/view/20200114101723544.

[57] 정정희, "노인학대(문제) 예방을 위한 사회복지적 안정망의 확보방안-2018.3.13. 「노인복지법」 개정을 중심으로", 법이론실무연구 2023. 02. 11/ 1, 309-34.

[58] 보건복지부 장관, 노인학대 현황보고서 가이드북 (보건복지부 노인정책과·중앙노인정부보호기관, 2022), 39-40; 가구형태 변화추이 노인부부가구: ('08) 47.1% → ('14) 44.5% → ('20) 58.4%, 자녀 동거 가구: ('08) 27.8% → ('14) 28.4% → ('20) 20.1%.

[59] 전정보, "노인자살률 OECD 압도적 1위…준비 안된 초고령 사회", 헬스조선, 2023년

할의 축소 및 상실, 경제적 어려움, 배우자의 사망 등으로 나타났다. 또한, 사회적 지지의 부재로 인한 외로움과 고립감은 자살 위험성을 높이는 결정적인 요인이 될 수 있다. 반대로 사회적 지지는 자살을 방지하는 보호 요인으로 작용한다.[60]

(2) 노인의 사회적 지지 기반으로 가정 역할

노인의 사회적 지지 기반은 양적으로 축소하지만, 가족생활주기에 따라 부부 관계 강화와 자녀와의 관계 회복 및 강화를 통해 밀도 높은 사회적 지지 기반이 될 수 있다.

가족은 생성의 순간부터 시간의 흐름에 따라 발달적 특징을 가지며 그에 따른 발달과업을 갖게 된다. 가족생활주기에 따라 부모와 자녀는 고정된 역할을 고수하는 것이 아니고 순환적 역할을 가지게 된다.

Eveyn M. Duvall은 자녀의 성장과 더불어 부모도 성장하며 자녀의 성장에 따라 8단계의 가족생활주기의 발달과업을 제시하였다.[61]

1단계 가족 형성기를 시작으로 노년기에 이르는 7-8단계는 모든 자녀를 출가시키며, 자신은 직업의 은퇴 시기를 맞이하는 단계와 은퇴와 사망에 이르는 8단계 가족 해체기를 제시하였다.[62]

7단계의 노인은 생성된 가족에서 부부만 남는 단계로 결혼한 자녀를 돌보면서 자신들의 노부모를 부양하는 이중 역할 수행을 발달과업으로 꼽았다. 또한, 8단계는 신체적, 사회적, 정서적 등 전인격적으로 노화되는 시기로 타인과 자신의 죽음을 아름답게 준비하고 받아들이는 것을 발달과업으로 제시하였다.

가족생활주기에 따른 발달과업은 <표-1>과 같다.

1월 31일, https://health.chosun.com/site/data/html_dir/2023/01/31/2023013101761.html.
60 서상목, 노인자살위기개입 매뉴얼 (경기: 경기복지재단, 2009), 19-30.
61 정옥분, 『성인·노인심리학 3판』, 260.
62 Duvall이 제시한 8단계 가족생활주기 분류는 다음과 같다. ① 무자녀기 ② 자녀 출산기 ③ 학령 전 아동기 가족 ④ 학령기 아동기의 가족 ⑤ 십대 청소년기 가족 ⑥ 자녀 진수기 ⑦ 중년기 가족 ⑧ 노년기 가족.

<표-1> Duvall의 가족생활주기에 따른 발달과업[63]

단계	시기	발달과업
1단계 무자녀기	결혼하여 자녀가 없는 신혼기	결혼을 통해 가족을 형성하는 시기, 부부 상호 간의 결혼에 대한 적응
2단계 자녀출산기	첫 아이 출생~30개월	스트레스가 가장 많이 발생하는 시기, 부모라는 새로운 역할 수행
3단계 학령 전 아동기	첫아이 30개월~6세	약화된 부부간의 애정 결손을 극복하고 부모-자녀 간의 긍정적 관계를 지속하여 인간 발달의 결정적 시기인 유아기에 자녀의 적절한 전인 발달이 이루어지도록 양육
4단계 학령기 아동기	첫아이 6세~13세	자녀가 초등학교에 진학하여 학업에 몰두하는 시기로 집단생활에 잘 적응하고 주어진 학습 과제를 잘 수행할 수 있도록 격려하고 지원
5단계 십대 청소년기	첫아이 13세~20세	부모로부터의 정신적·신체적 독립을 추구하는 자녀에게 자율적 선택과 결정의 기회를 많이 부여하고, 자신의 선택과 결정에 따른 결과에 대해 책임 의식을 가질 수 있도록 지도하고 격려하는 역할
6단계 자녀 진수기	첫아이부터 막내까지 가정을 떠나는 시기	취업, 군복무, 대학 진학, 결혼생활 등으로 본격적인 자기 삶을 구상하는 성인자녀를 돕고 지원
7단계 중년기 가족	모든 자녀 출가와 은퇴 시기	부모만 남는 시기로 결혼한 자녀를 돌보면서 자신들의 노부모를 부양하는 이중 역할 수행
8단계 노년기 및 해체기	은퇴와 사망	신체적, 언어적, 인지적, 사회적, 정서적 모든 발달이 급격히 노화되는 시기로 죽음을 아름답게 준비하고 받아들임

1980년대 미국에서는 늘어나는 가정 붕괴 현상을 우려해 건강한 가정을 구성하는 요소에 관한 연구가 활발히 일어났다. 앨라배마대학교의 Nick Stinnett는 20년에 걸쳐 27개국 18,000여 가구를 대상으로 연구하였다.[64] 연구의 인구학적 변인은 종교, 인종, 사회적 지위, 교육 수준과 상관없이 모든 유형의 가정을 대상으로 하였다. 연구 결과 모든

63　정옥분, 『성인·노인심리학 3판』, 260.
64　Nick Stinnett·John DeFrain, Secrets of Strong Families, (Boston: Litle, Brown and Company, 1985), 102-21; Bruce Litchfield· Nellie Litchfield, 『기독교 상담과 가족치료 다이제스트』, 정성준 역 (경기: 도서출판 예수전도단, 2010), 25 재인용.

가정에서 공통으로 나타나는 순기능적 가정의 여섯 가지 특징을 발견하였는데 모두 성경의 원리와 일치했다. 순기능 가정의 요인은 다음과 같다.

첫째, 가정에 대한 헌신
둘째, 함께하는 시간
셋째, 긍정적인 의사소통
넷째, 감사의 표현
다섯째, 영적 헌신
여섯째, 스트레스와 위기 대처 능력[65]

건강한 가정의 요인별 특징은 <표-2>와 같다

<표-2> 건강한 가정의 요인별 특징

	건강한 가정의 요인	특징
1	가정에 대한 헌신	가족 구성원들이 서로, 가족에게 헌신한다. 헌신은 결혼과 함께 시작되며 전체 가족으로 확대된다.
2	함께하는 시간	가정에 헌신한다는 지표는 의도적으로 가족을 위해 시간을 마련하는 것이다. 양적·질적 시간이 모두 요구된다.
3	긍정적인 의사소통	긍정적이고 바람직한 의사소통을 한다. 건강한 가족은 서로 말을 잘 듣고, 자신의 생각이나 욕구, 감정을 표현하는 데 능숙하다. 여섯 가지 특징 중 가장 중요한 능력이다.
4	감사 표현	가족이 정기적으로 감사와 애정을 표현한다. 서로 진심으로 칭찬해 주고, 정서적으로 세워 주며, 자주 격려한다.

---

65 Bruce Litchfield· Nellie Litchfield, 『기독교 상담과 가족치료 다이제스트』, 25-7.

5	영적 헌신	건강한 가정은 종교에 헌신하는 수준이 높고, 가족 사이에 영적 결속력도 강하다. 헌신된 가정은 그렇지 않은 가족보다 행복하고, 만족스러운 삶을 살며, 더 건강하고, 실제로 수명이 길고, 병도 적게 걸리며, 결혼생활도 오래 유지하고, 자녀도 건강했다. 비그리스도인이나 형식적인 그리스도인 가정이 특히 눈여겨볼 대목이다.
6	스트레스와 위기 대처 능력	건강한 가정도 위기를 겪는다. 하지만, 그들은 문제를 해결하는 능력을 갖추고 있으며 가정은 서로 지지해 주는 공동체가 된다.

이러한 특징들에서 살펴본 바와 같이 건강한 가정의 순기능적 역할에서 노인이 속한 가정의 지지 기반을 강화할 수 있는 요소들이 도출된다. 부모와 자녀의 관계는 그 역할에 있어 순환적 구조를 가진다.

이석철은 노인은 성인이지만 도움이 필요한 존재라고 하였다.[66] 노인은 자녀의 도움이 필요하다. 하나님은 탄생하는 자녀를 위해 부모를 준비한 것처럼, 부모를 위해 자녀를 준비하셨다. 따라서, 가족은 서로를 지지하고, 격려할 수 있는 사회적 관계의 역할을 수행할 수 있다.

축소된 사회적 관계 안에서 노인은 양보다는 질이 높은 관계를 유지함으로써 영적 안녕감을 가질 수 있다. 영적 안녕감은 노인의 심리적 건강을 강화해 주어 외로움과 불안에서 벗어나게 하고, 죽음을 긍정적으로 받아들이게 한다.

배영숙은 적절한 사회적 지지는 노년기에 발생하는 신체, 심리, 사회적 문제를 감소시키거나 완충 작용을 한다고 하였다.[67]

노인의 사회적 지지 기반으로서 가정의 역할은 다음과 같다.

---

66 이석철, 『기독교 성인 사역론』, 271.
67 배영숙, "노인이 지각한 사회적 지지와 자아통합감에 관한 연구", 성인간호학회지 5/1 (1993, 03): 18-32.

첫째, 부부와 부모-자녀의 순환적 도움을 주는 상호 협력의 역할
둘째, 영적 안녕감을 증진시키고, 신앙을 전수하는 신앙 교육 활동의 장(場)으로서의 역할
셋째, 사회적 위험으로부터 가족을 보호하는 완충 지대의 역할

2) 노인의 사회적 지지 기반으로서 교회

(1) 신앙공동체의 역할

하나님께서 아담에게 가정을 만들어 주시면서 신앙공동체가 시작되었다. 즉, 가정은 하나님과 인간이 교제하며 생성된 신앙공동체의 시작이기도 하다.

신앙공동체는 하나님의 부름에 부응하도록 만들어졌다. 헬라어 '아델포스'(ἀδελφός)는 한 자궁 안에서 나온 형제라는 의미가 있다. 형제 사랑은 신약성경에서만 사용되는 개념으로, 육신의 형제애보다 주 예수를 믿고 거듭남을 경험한 신자들 간의 사랑을 말한다.[68]

이는 초대교회 성도들의 특징이며 의무였다(살전 4:9; 히 13:1). 성도는 모두 그리스도 안에서 한 형제요(마 23:8) 서로 사랑을 실천해야 하는 사람들이다(요 13:34; 롬 12:3).

구약성경에서 나타난 형제 사랑의 모범 사례는 아브라함이 롯을 사랑한 것(창 12:5; 13:1-8), 르우벤이 요셉을 사랑한 것(창 37:21-22), 요셉이 형제를 사랑한 것(창 43:30-34; 45:1-5; 50:19-25), 요나단과 다윗의 관계(삼상 18:1-4; 19:2-7)가 있다. 신약성경에서는 바울이 이스라엘 백성을 사랑한 것(롬 9:2-3), 야고보와 게바와 요한이 바울과 바나바를 사랑한 것(갈 2:9) 등 다수에 나타나 있다.

헬라어의 '코이노니아'(κοινωνία)는 서로 사귐을 뜻하는 것으로, 성도 간의 교제(fellowship)를 말한다. 구약성경에서는 하나님과 이스라엘 백

---

68   Gospel Serve, 『라이프 성경사전』, 1218.

성 사이의 교제(출 19:5-6), 부부 사이(잠 2:17), 친구 사이(전 4:10)에 주로 사용되었다.

그러나 신약성경에서는 성도의 헌신이나 결속을 나타낼 때, 또는 거룩한 의식에 참예할 때(요일 1:3), 같은 목표와 가치관을 가지고 같은 공동체 내에서 함께 생활할 때 주로 사용되었다(요일 1:7).[69]

신앙공동체는 안전하고 포괄적이며 공정한 영적 근거를 가진다. 공동체는 스스로 공동의 선을 위해 조직되는 특성이 있다. 따라서, 건강한 공동체는 사회에게 필요한 '치료제 역할'이 있다. 건강한 공동체는 구성원들이 서로 솔직하고 두려움 없이 소통하며, 서로 갈등이 발생했을 때 공동체 안에서 갈등을 해결할 수 있다.

또한, 자기 자신을 사랑하는 것을 배움으로 다른 이들을 사랑할 수 있고, 낯선 사람에게 관심을 보일 수 있어야 한다. 이것은 건강한 공동체의 기능을 유지하면서 상대를 지지하기 위해서 구성원에게 요구되는 실천적 행동이다.[70] 이러한 공동체의 구성원들은 공동체에서 치유를 얻을 수 있다고 여긴다. 참된 공동체는 신약성경에서 이해하고 있는 온전함을 반영하면서 활동을 진행해 간다.

공동체는 유동체로서 돌보는 사람들의 관계망으로 되어 있다. 공동체 안에 결혼 관계와 가족 관계를 연구함으로 비효과적 소통에 대해 발견하게 된다. 결혼 관계에서 동반자가 관심을 보이지 않는다고 느낄 때 상대는 약해지고, 수용되지 못함을 느끼고 외로움을 느낀다. 부부는 서로에 대한 사랑과 돌봄을 기반으로 하여 상대를 이해하려고 노력하기 위해 헌신해야 한다.

신앙공동체에서 비효과적 소통은 부부간의 소통 문제와 비슷하다. 따라서, 부부를 돕는 데 사용된 소통 원리는 공동체 소통에도 적용될 수 있다. 신앙공동체에서 치유 변화를 지원하는 사람은 목회자 혹은

69　Gospel Serve, 『라이프 성경사전』, 97.
70　Margaret Zipse Kornfeld, 『공동체 돌봄과 상담』, 정은심·최창국 역 (서울: 기독교문서선교회, 2013), 66-7.

평신도 사역자가 주요 상담자로 활동하지만, 공동체 자체도 치유를 제공한다.

(2) 노인의 사회적 지지 기반으로서 교회 역할

교회는 그리스도를 믿는 자들로 모인 공동체다.[71] 교회를 부르는 용어인 헬라어 '에클레시아'(ἐκκλησία)에서 그 성격이 명확히 나타난다.

에클레시아는 '밖으로 불러 모으다'는 뜻으로 죄악 된 세상에서 불러 모아진 성별 된 자들의 모임을 지칭한다.[72]

즉, 교회는 예수 그리스도를 구주로 고백하는 성도들의 모임으로 거룩한 신앙공동체를 의미한다(엡 1:22-23; 히 2:12). 교회의 근본적인 목적은 하나님께 영광을 돌리는 것이다.[73]

즉, 신자는 나이와 상관없이 세상 속에서 하나님의 영광을 드러내는 존재로서의 사명이 있다. 이 사명은 교회 밖과 교회 안에서 동일하게 요구된다. 공동체는 서로에게 사랑을 실천하며 힘을 주는 자조적 역할을 할 수 있다. 교회의 기능 중 교제의 영역은 공동체를 굳건히 세우는 역할을 한다.

Margaret M. Sawin은 종교는 가정 전체를 둘러싸고 있는 사회의 한 기관이다. 교회는 언제나 어떤 방식으로든 가정생활 교육에 관여해 왔다고 말했다.[74] 기독교의 역사는 끊임없이 세상 안에서(in the world), 세상의 문화와 상호 반응하고(interacting), 서로 영향을 주고받으면서 진행되어 왔다.[75] 노인이 속한 공동체 중에 가정과 교회는 인생에서 가장 오래 유지되는 공동체다.

---

71 노은석, 『기독교 교육 다잡기』(대전: 이화, 2014), 16.
72 Gospel Serve, 『라이프 성경사전』, 97.
73 Stanley J. Grenz, 『조직신학』, 신옥수 역 (고양: 크리스천다이제스트, 2003), 697.
74 Margaret M. Sawin, "Family Life Eduacation in Religious Institutions: Catholic, Jewish, and Protestant", Family Relations, vol. 30, no. 4 (1981), 527; 박행님, 『기독교가정생활교육』, 10 재인용.
75 남병두, 『문화를 알면 교육이 보인다: 기독교, 문화 그리고 역사–교회와 문화의 관계』 (대전: 침례신학대학교 출판부, 2003), 42.

생애 발달주기에 따라 인간은 탄생에서 성장, 소멸, 즉 죽음의 단계를 갖게 된다.

죽음은 변화하는 문화 속에서 변하지 않는 진리의 속성을 가진 인간의 발달단계다. 오랜 기간 하나님의 형상을 품고 사회 속에서 성장·발달한 노인은 삶의 경험을 통해 역사와 문화를 간직하고 있다. 그러므로 노인은 후대에 하나님을 깊이 아는 지혜를 전달할 수 있는 매개의 임무를 수행하며, 세대 간의 갈등을 완화하고, 신앙을 전수하여 세대 간의 연결을 강화할 수 있다.

모든 것이 세분되고 전문화되는 현대 사회에서 교회가 효과적으로 사역을 감당하기 위해서, 이제 노인 사역을 하나의 독자적인 사역 분야로 이해하고 접근해야 한다. 또한, 노인 사역은 고도의 전문성을 가지고 효율적으로 수행되어야 할 시점에 와 있다.[76]

그러나 예측하기 어렵게, 변화무쌍하게 변화하는 문화는 이런 노인 사역 분야 개발에 있어 커다란 변수로 작용한다. 그러므로 세대가 거듭되어도 변하지 않는 노인 가정을 위한 사역의 필요성과 전문성이 요구된다.

노인의 영적 생활은 공적 활동과 사적 활동이 있다. 즉, 신앙인의 공적 활동은 예배이며, 사적 활동은 개인의 경건 생활이다. 오인근의 연구 결과 노인의 영적 생활은 성공적 노화에 좋은 영향을 주는 것으로 나타났다. 또한, 노인의 영적 생활 중 사적 활동이 공적 활동보다 더 많은 영향을 주는 것으로 나타났다.[77]

하지만, 예배와 경건 생활은 상호 보완적 역할을 하므로 영적 생활에 모두 유익하다. 이러한 영적 생활은 노인의 영적 안녕감에 긍정적 영향을 준다. 노인의 사회적 지지 기반으로서 교회의 역할은 다음과 같다.

---

[76] 이석철,『기독교 성인 사역론』, 264.
[77] 오인근, "기독노인의 영적안녕감이 성공적 노화에 미치는 영향",「복음과 실천 59」 (2017): 381-409.

첫째, 교회는 다양한 연령이 구성되어 있으므로 세대 갈등을 완화시키는 완충 지대 역할을 할 수 있다.

둘째, 교회는 노인에게 삶의 마무리 단계에서 성경이 제시하는, 하나님 안에서 삶의 의미와 가치를 발견하게 해주는 인식의 틀을 제공하는 역할을 할 수 있다.

셋째, 교회는 노인의 가정과 출가한 자녀와 유대 관계를 형성함으로 신앙 교육을 위한 상호 협력적 관계 형성의 장(場)으로서 역할을 할 수 있다.

3) 가정과 교회의 상호 협력관계로서 수행 과제

노인은 가족생활주기의 7, 8단계에 걸쳐 있는 자다. 노인에게 주어지는 발달과제는 7단계에는 변화하는 역할 속에서 삶을 잘 살아내고, 8단계에 이르러서는 죽음과 직면하여 생을 아름답게 마무리할 것이 요구된다.

따라서, 연구자는 교회가 가정에게 well-being과 well-dying의 정보를 제공하여 노인이 스스로 자신에게 주어지는 발달과제를 수행할 수 있도록 하고, 교회와 가정 간에 상호 협력적으로 성취해야 하는 수행 과제를 제시하고자 한다.

(1) 전인적 안녕감: 웰빙(well-being)

웰빙(well-being)이란 몸과 마음의 편안함과 행복을 추구하는 것으로 우리나라 표기로는 전인적 안녕감이다. 전인적 안녕은 인간에 대한 전인적 이해에 근거하여 인간의 안녕을 전체적인 온전함으로 보는 개념이다.

즉, 전인적 안녕은 신체적, 심리적, 정서적 그리고 영적으로 건강한 최적의 상태를 의미한다.

따라서, 전인적 안녕감의 토대가 되는 인간 이해는 몸과 마음과 영혼이 분리될 수 없는 하나의 연합체라는 것이다.[78] 전인적 안녕은 오랜 학문적 연구의 결과물로 대상과 영역에서 변화를 가져왔다. 오늘날 인간과 관련되어 있는 모든 영역이 전인적 안녕의 대상이며, 연령적으로는 여성, 노인, 아동, 청소년 등에서 폭넓게 주목받고 있다.

김계명은 목회자 아내의 전인적 안녕 증진을 위한 연구에서 개입방안으로 글쓰기 치료 모델을 제시하였다.[79] 글쓰기 치료를 통한 자기성찰은 자기의 삶을 다양한 관점에서 해석하고 재구성할 수 있는 기회를 부여하는 것이다. 자기성찰은 자기돌봄의 핵심이며, 영적인 자기훈련을 포괄하는 것으로 볼 수 있다. 김계명은 전인적 안녕을 위한 글쓰기 치료 모델을 세 단계로 제시하였다.

첫째, 발설-구조적 단계
둘째, 수용-탈구조적 단계
셋째, 통찰-재구조적 단계

치료 모델에 따른 단계별 글쓰기 활동은 다음과 같다.

첫째, 개인적 차원의 감정을 표현하는 글쓰기
둘째, 문제 경험을 성찰하며 정리하는 글쓰기
셋째, 경험한 공동체를 통찰하는 글쓰기

단계별 글쓰기를 통해 자신의 경험을 재구조화하는 과정을 통해 전인적 안녕 증진을 도모하는 것이다.

---

78 Margaret Zipse Kornfeld, 『공동체 돌봄과 상담』, 46.
79 김계명, 「목회자 아내의 전인적 안녕 증진을 위한 글쓰기 치료 모델」(박사 학위 논문, 침례신학대학교 일반대학원, 2012), 129-95.

김계명의 연구는 목회자 아내를 대상으로 진행되었지만, 적용 대상의 연령과 내용, 효과를 고려하여 볼 때 신앙 안에서 자신의 삶을 회고하며, 통합하는 활동으로 전인적 안녕감 형성의 측면에서 노인에게도 동일하게 효과적일 것이라고 예상된다.

(2) 죽음준비와 회복: 웰다잉(well-dying)

신앙인에게 인생의 마무리란 죽음이다. 또한, 피조물은 모두 죽음으로 향해 있다. 인간이 탄생해서 성장, 노화, 소멸의 과정을 거치게 되는 것은 하나님의 창조 섭리 안에 있는 과정이다.

웰다잉(well-dying)이란 품위 있고 생을 존엄하게 마무리하는 것으로 우리나라 표기는 노년기 죽음준비교육이다. 우리 사회에서 죽음에 대한 인식은 단어 사용조차 금기시하는 경향이 있고 죽음을 직면하지 않고 회피, 외면하는 태도가 있다.

노인은 심리적으로 자신에게 다가올 죽음에 대해 불안과 두려움, 공포를 느끼며 살아간다.[80] 따라서, 노인은 죽음에 관한 생각과 태도를 바르게 정립하여 심리적인 안정을 갖는 것이 중요하다.[81]

죽음준비의 목적은 갑자기 찾아올 수 있는 죽음에 대비해 삶을 보다 의미 있게 살자는 데 있다. 따라서, 죽음준비는 죽을 준비가 아닌 삶의 준비를 의미한다. 죽음준비교육은 이 땅에서 제대로 살도록 하기 위한 삶의 교육이다. 죽음준비교육의 대상은 죽음을 맞이하는 모든 사람이 되어야 한다. 즉, 죽음을 맞이할 당사자와 배우자 그리고 직계 자녀가 될 수 있다. 교육 내용은 삶을 아름답게 마무리하기 위한 프로그램으로 지나간 삶을 돌아보고 정리하는 시간을 제공한다. 사별 이후 남겨진 가족과 지인들은 슬픔, 원망, 아쉬움 등으로 애도의 기간을 갖는다. 사별은 이 세상에서 더이상 그를 볼 수 없다는 점에서 인간에게 슬픈

---

80 송선희 외 7인, 『새로 쓴 노인교육론』, 315-25.
81 기영화, 『노인교육의 실제』(서울: 학지사, 2011), 100.

감정을 준다.

따라서, 사별 후 가족들의 회복을 위한 애도 및 정서적 치유 활동이 요구된다. 가족의 지지는 회복 탄력성에 큰 영향을 주는 요인이며, 가족 돌봄을 통해 가족 관계는 더욱 강화된다. 인간의 탄생이 가족 구성원과 사회적으로 축복받는 일이듯 노인의 죽음 또한 모든 사회적 지지 기반에서 긍정적으로 받아들여야 한다.

박행님은 가정과 교회는 각기 다른 기능과 역할을 담당하고 있지만, 신앙 교육에 상호 협력적으로 모든 자원을 제공하는 임무를 수행해야 한다고 말하였다.[82]

가정과 교회가 상호 협력적이며 보완적으로 수행 과제를 이행하기 위해 요구되는 역할은 안내자와 조력자다. 즉, 미래 수행 과제에 대한 안내자로서 인식의 틀을 제공하고, 이 인식을 잘 실현할 수 있도록 도와주는 조력자다.

노인의 가족과 교회 공동체가 전인적 안녕감과 죽음준비와 회복 교육을 함께 지향해 간다면 노인의 사회적 지지 기반은 더욱 강화될 것으로 예상한다. 또한, 이것은 교육의 대상인 노인뿐만 아니라 참여한 가족 그리고 교회의 구성원에게 긍정적 영향을 주게 될 것이다.

기독 노인의 사회적 지지 기반 중 가장 오래 지속하는 공동체는 가정과 교회다. 현대 사회 노인이 속한 가정과 교회의 역할과 변화를 고찰하면서 노년기 생애 발달 특징에 따른 가정과 교회의 역할을 제안하였다. 연구의 내용을 종합하면 다음과 같다.

첫째, 가정과 교회의 정서적 지지 역할이다. 노인이 속한 가족 구성원의 정서적 지지는 현대 생활에서 노인의 사회적 임무를 수행하는 데 중요한 요소가 된다.[83] 또한, 노인이 속한 교회 공동체는 서로에

---

82 박행님, 『기독 가정 생활교육』, 42.
83 정현숙, 『가족 생활교육』, 18.

게 사랑을 실천하며 힘을 주는 자조적 역할을 할 수 있다. 교회의 기능 중 교제의 영역이 공동체를 굳건히 세우는 역할을 하는 것과 같은 맥락이다.[84] 따라서, 가정과 교회는 서로를 지지하고, 격려할 수 있는 사회적 관계로서 역할을 수행할 수 있다.

둘째, 가정과 교회의 노인 인생 마무리 과정의 조력자 역할이다. 인간의 탄생과 성장, 소멸이 반복되는 인생주기와 가정의 생성, 성장, 해체가 반복하는 가족생활주기는 죽음이라는 발달과업으로 향한다. 인간은 탄생과 죽음의 삶의 현장에서 하나님을 만나고, 그분의 나라로 속하는 일을 향한 자신의 태도를 결정해야 한다. 그러므로 가정과 교회는 노인이 인생을 잘 마무리 할 수 있도록 공동체 구성원들을 교육해야 한다.

따라서, 가정과 교회는 노인 인생의 맺음말을 아름답게 만들어 주는 사회적 지지 기반으로서의 조력자의 역할과 사명을 가진다.

셋째, 가정과 교회의 상호 협력적 관계 수행 역할이다. 성경에서 가정은 창조 질서와 언약의 관계로 하나님이 인간에게 선물로 주신 기관이다. 이 기관은 가족 내부적 관계와 외부 환경적 공격으로부터 보호의 기능을 가진다. 그러나 이 기능은 저절로 형성되는 것이 아니기 때문에 보호 기능이 잘 작동하도록, 가족원이 배움과 실천, 앎과 삶의 노력이 요구된다. 즉, 가족의 사회적 지지는 사랑의 감정이 행동으로 표현되는 것으로, 사랑은 배움이 요구된다.[85]

진정한 사랑은 감정이 아니고 태도와 행동을 선택하는 것이다.[86] 사랑이 사랑으로 온전히 기능하도록 하려면 주어지는 가족의 상황에서 끊임없이 좋은 태도와 행동을 선택해야 한다. 가족이 직면하는 문제를

---

84 이석철, 『교육으로 목회를 보다: 통합적 교육목회론』(대전: 침례신학대학교 출판부, 2012), 30-39.
85 정옥분·정순화, 『결혼과 가족』(서울: 학지사, 2021), 96-7.
86 Osterhaus James·Denney James, 『부모로부터 받은 상처 치유』, 이석철·박행님 역 (대전: 하기서원, 2018), 225.

해결하기 위한 태도와 행동을 선택한 결과로 가족 간에 신뢰감은 더욱 증진된다.

또한, 교회는 가정이 언제나 하나님의 사랑 안에서 태도와 행동을 선택할 수 있도록 격려해야 한다. 이러한 가정과 교회의 상호 협력적 관계는 노인이 속한 사회적 지지 기반이 건강하게 기능하도록 하며, 공동체의 응집력을 강화하는 효과를 가져올 수 있다. 교회의 목적은 하나님의 영광을 드러내는 것이다.[87]

가정과 교회의 사회적 지지 기반으로서 역할 수행은 노인과 그가 속한 모든 공동체가 하나님의 영광을 드러내는 삶의 예배가 된다. 성경 말씀대로 순기능하는 가정과 교회는 하나님의 이름을 영화롭게 하는 존재가 된다.

---

[87] 노은석, 『기독교 교육 다잡기』, 13-7.

제2부

기독교 노인교육 프로그램의 이론적 기초

1. 기독교 노인교육의 필요성 및 목적

1) 기독교 노인교육의 필요성

　국제노년학회는 노인을 생리적, 신체적 노화 현상에 의해 심리적, 사회적 기능과 역할이 감퇴하고 있는 사람으로 정의하였다.[1]

　노년기가 시작되는 연령은 관련법에 따라 다양한데, 「국민연금법」은 60세, 「노인복지법」에서는 65세 이상을 노인으로 규정하고 있다. 그 외에 사회의 관습이나 정년퇴직 연령을 노년기의 시작으로 보기도 한다.[2]

　국가통계포털에 따르면 2023년 10월 16일 기준 우리나라 총인구는 5,156만 명이며, 그중 65세 이상 인구는 9백만 명으로 이는 전체 인구의 17.5%에 해당한다. UN의 기준에 의하면 초고령 사회는 총인구 중에서 65세 이상의 인구 비율이 20% 이상인 사회를 말하는데 우리나라는 초고령 사회의 도래를 앞두고 있다고 할 수 있다.

　국가통계포털에서 보도한 2022년 인구 총조사 결과와 장래인구추계 자료에 따르면 우리나라 2022년 총인구는 5,200만 명에서 2070년에는 3,800만 명으로 감소할 것으로 전망된다.[3]

---

[1] 송선희 외 7명, 『새로 쓴 노인교육론』(서울: 신정, 2016), 17.
[2] 강상경, 『인간행동과 사회환경』(서울: 학지사, 2021), 203.
[3] 국가통계포털 https://kostat.go.kr/ 2023년 10월 16일 접속.

생산연령인구 구성비는 1970년 54.4%에서 2012년 73.4%를 정점으로 2022년 71.0%, 2040년 56.8%, 2070년에는 46.1% 수준까지 낮아질 것으로 전망되고 있다.

이에 반해, 고령인구 구성비는 2022년 17.5%로, 1970년 3.1% 대비 6배 증가하였고, 2070년에는 46.4%로 높아진다고 전망하고 있다.

평균 수명은 1950년대에 약 48세였던 것이 2010년대에는 81세로 뛰어올랐으며, 2021년에는 약 83.6세가 되어 지속적인 증가세를 보이고 있다.

따라서, 노인은 심각한 지병이 없는 상태라면 90세를 넘어 100세까지도 생존할 수 있다고 여겨지고 있다. 노인 대부분이 노화에 의한 시력·청력 감퇴 및 한 가지 이상의 만성질환 등을 가질 수 있지만[4] 사회생활에 큰 지장이 있을 정도는 아니라는 뜻이다.

고령화가 가져오는 변화 가운데 주목할 것은 '100세 시대'의 개막이다. 100세 시대는 우리 인간의 수명이 100세에 달하는 시대를 말한다. 노인은 직업의 은퇴를 기점으로 20~35년 이상의 긴 노년의 시기를 살다가 임종을 맞이하게 되었다. 현대의 노인들은 30여 년의 긴 노년기를 보내면서 생리적·신체적·사회적 기능의 감퇴와 더불어 심리적인 변화를 겪으며 개인의 자기 유지 기능과 사회적 기능의 약화를 경험하게 된다.

이처럼 노인 집단이 30여 년의 긴 기간에 걸친 폭넓은 연령층으로 구성되기 때문에 이를 세분하여 접근해야 한다는 필요성이 제기되고 있다. Donald Cabbs는 Erik H. Erikson의 생애주기 발달단계와 나이에 대한 사회적 통념을 접목하여 10년 단위로 발달단계를 구분하여 태어나면서 100세까지를 10단계에 걸쳐 나누었다. 그는 70대를 노년기의 시작으로 보고 노년기를 70대, 80대, 90대로 구분하였다.[5]

---

4 송선희 외 7명, 『새로 쓴 노인교육론』, 37.
5 Danald Cabbs, 『100세 시대를 준비하는 열 번의 성장』, 오은규 역 (서울: 학지사, 2021), 42.

또한, T. B. Maston은 노년기를 '젊은 노인'(young-old)과 '늙은 노인'(old-old)으로 구분해야 할 필요성을 지적하였고,[6] Bernice Neugarten은 생물학적 연령과 사회적 건강에 기초하여 55~65세를 연소 노인(young-old), 65~75세 중고령 노인(middle-old), 75세 이상을 고령 노인(old-old)로 구분하였다.[7] Norman Wright는 노인층을 '전기 노년기'(65-70세), '중기 노년기'(70-75세), '후기 노년기'(75세 이상)로 나누기도 했다.[8]

노인을 규정하는 기준이 되는 것은 그 시대와 문화 및 나라의 상황에 따라 다양하다. 우리나라에서는 환갑이라고 하여 만 60세가 되는 해를 장수의 의미를 담아 사회적으로 축하를 하고, 성인 중에 고령임을 알리는 기능을 하였다.

연구자는 노인을 규정하는 사회적 기능 요인으로 직업의 은퇴 시점과 오늘날 우리나라의 기대 수명이 83.6세인 것을 고려하여 노인을 규정하고자 한다. 따라서, 60세를 노인의 시작으로 간주하고[9] 60대를 '초기 노인'(young-old), 70대를 '중기 노인'(middle-old), 80대를 '후기 노인'(old-old)으로 규정한다.

60세 이상의 초기 노인은 직업의 은퇴를 경험하면서 사회적 축소의 영향을 받는 노인이다. 역할 변화와 역할 상실은 삶의 어느 단계에서나 일어날 수 있지만, 노년 전기에는 역할 변화가 주요한 삶의 기능에서의 전환을 가져온다. 즉, 이 시기에는 자녀의 독립, 직업의 은퇴, 배우자의 사망 등에 의해 역할 상실이 일어난다. 또한, 조부모 역할과 같이 새로운 행동 양식과 관계 형성을 요구하는 역할이 출현한다.

---

6   T. B. Maston, 『성서 그리고 현대 가정』, 이석철 역 (서울: 요단, 1994), 166.
7   한정란, 『노인교육론: 노인을 위한, 노인에 관한, 노인에 의한 교육』, 162.
8   H. Noman Wright, *Ways to Help Them Lean: Adults* (Glendale, California: G/L Publication, 1971), 31-2; 이석철, 『기독교 성인사역론』(대전: 침례신학대학교출판부, 2008), 267에서 재인용.
9   이석철, 『기독교 성인사역론』, 266.

따라서, 노년 전기에는 사회적 역할의 축소에 따른 자부심의 저하, 고독과 소외, 은퇴로 인한 소득 감소 등이 주요한 문제로 등장한다. 또한 자녀의 결혼을 통해 새로운 가족 관계가 형성됨에 따라 주어지는 시부모, 장인, 장모의 역할, 손자가 태어남에 따라 주어지는 조부모의 역할을 잘 수행하기 위한 배움이 필요한 시기다.

70세 이상의 중기 노인은 비교적 노인의 삶을 안정적으로 받아들이는 노인이다. 노인 전기에 일어나는 역할 변화와 상실을 적절히 적응한 후 비교적 안정적인 70대를 영위하게 된다. 또한, 사람에 따라 노인 전기에 역할 변화와 역할 상실을 70대에 동일하게 겪는 경우도 있다. 70세 이상의 노인은 60대에 비해 신체적 어려움을 갖기는 하지만 80세가 겪는 어려움에 비교한다면 비교적 활동적인 신체 건강을 가지고 있어 활력 있는 노인으로 활동할 수 있는 시기다. 따라서, 중기 노인은 노년 기간 중 황금기로 볼 수 있다. 중기 노인은 시간이 흐름에 따라 80세가 가까워지면서 신체적 노화의 영향을 받기 시작하는 때다.

80세 이상의 후기 노인은 신체적 노화의 영향을 크게 받는 노인으로 80대 후반이 되면 노인 넷 중 한 사람은 누군가의 도움이 필요하게 된다.[10] 고령 노인이 되어가면서 신체적 노화로 인해 일상생활 지원 요구가 증가하며, 이들의 경우 자녀 또는 배우자 혹은 제3자의 도움이 절실해 진다.[11] 따라서, 혼자서 일상생활이 어려운 고령 노인은 가족이나 요양 시설 등 사회복지 서비스를 받으며 임종을 맞이하는 경우가 늘어나고 있다.

한편, 교회의 노인 성도 분포는 사회적 변화와 같은 맥락을 같이 하고 있다. 노인이 차지하는 비중과 성도의 평균 연령이 높아졌다. 기독교한국침례회 교단총회 교세보고 연령별 분포도에 따르면 침례교회 노인 성도 비율은 2022년 기준으로 교인 수 총 314,733명 중 60대와

---

10 이시형, 『신인류가 몰려온다』 (서울: 특별한서재, 2022), 21.
11 이미란, "노인의 건강성과 자아통합감의 영향경로에서 가족지지 매개효과", 한국콘텐츠학회논문지, 12/12 (2012): 280-290.

70대 이상의 수는 81,189명으로 25.8%를 차지한다.[12]

교회 안의 노인은 교회 밖의 노인과 마찬가지로 신체적, 사회적, 심리적 어려움을 동일하게 겪고 있다. 이는 교회가 초고령 성도를 위한 성경적 노인 이해 및 노인의 영적 안녕감을 도모할 수 있는 교회 교육을 제공해야 할 필요성이 대두되는 이유다. 노인들은 교회 사역에서 청·장년층에 비해 사역의 대상으로 주된 관심을 받지 못하고 방치되는 경향이 있다.

그러므로 날로 증가하고 있는 노인층을 위하여는 다음의 사역이 필요하다.

첫째, 그들의 전인적인 필요를 충족시켜 기본적인 생존과 안락한 생활을 해나가는 데 있어야 할 도구적인(instrumental) 필요를 채워주는 사역

둘째, 보람 있고 의미 있는 삶을 살기 위해 요구되는 표현적인(expressive) 필요를 채워주는 사역[13]

Erikson은 발달심리학의 관점에서 노년기의 발달과제를 '자아통합'으로 제시하였다. 후기 노인에게 자아통합은 과거의 자신을 수용하여 현재와 미래의 자신을 긍정적으로 인식하는 데 중요한 요소로 부각되고 있다. 특별히 후기 노인은 다가올 건강 악화와 죽음에 대한 불안감을 호소한다. 죽음 불안감은 현재의 영적 안녕감에 좋지 않은 영향을 주어 삶의 질을 저하시키는 요인으로 나타난다.[14] 그러므로 후기 노인에게 자아통합감은 영적안녕감 증진을 위해 중요하게 요구되는 요소다.[15]

---

12 기독교한국침례회 홈페이지 http://www.koreabaptist.or.kr 2022년 11월 21일 접속
13 이석철, 『기독교 성인사역론』, 288-95.
14 오인근, "기독노인의 영적안녕감이 성공적 노화에 미치는 영향", 「복음과 실천 59」 (2017) : 381-409.
15 장혜경, "재가 노인의 자아통합감에 영향을 미치는 요인", 기본간호학회지 18/4

교회에서는 성도 연령분포도 변화에 따라 후기 노인을 위한 시니어 교구를 운영하면서 연령별로 교회 조직을 나누는 시도를 하여 정착시킨 교회들[16]도 있다.

그러나 시니어 교구라는 명칭을 사용하였지만, 노인발달단계에 맞춰 어떻게 운영할 것인가에 관한 연구와 시도는 많지 않은 것이 현실이다. 시니어 교구는 노인의 특성과 요구에 맞춘 내용보다 이전 단계 교구에서 이루어졌던 활동을 변형 없이 유지하는 상태로 운영이 되는 것이 대부분이다.

또한, 시니어 교구 담당자들은 노인에게 적합한 교회 교육을 하고자 하지만 현장에 적용할 수 있는 교육 교재가 없는 것이 현실이다. 따라서, 노인의 특성과 요구를 반영하여 신앙생활에 도움을 주는 노인을 위한 교육 교재 개발이 필요하다.

2) 기독교 노인교육의 목적

고령화는 전 세계적인 현상이다. 세계 각국에서 노인을 위한 교육적 노력이 경주되고 있으며, 우리나라에서도 평생교육 관점에서 노인을 대상으로 하는 교육적 시도들이 계속되고 있다. 교회는 늘어나는 장수 노인 인구에 대해 노인교육의 필요성을 지각하고, 정부보다 먼저 노인층을 위한 프로그램을 시작한 단체이다.[17]

또한, 교회는 이런 사회적 변화에 대해 빠르게 반응하여 불신자 노인들을 위한 노인대학, 노인교실 등을 시작하였다. 교회는 불신자에게 교회를 개방하고 전도와 선교의 목적을 달성하는 열심을 표출하기도 하였다. 그 결과 교회는 노인교육 기관의 위상을 지니게 되었다. 교

(2011): 529-537.
16 노인교구 운영의 사례로는 여의도침례교회의 에벤에셀(75-84세)·임마누엘(85세이상) 교구와 강남중앙침례교회의 시니어교구(70세 이상) 등이 있다.
17 김은혜, "한국 교회의 노인교육 과제와 전망", 『기독교 교육정보 11』(2005): 171-91.

회에서 운영된 노인대학의 교육 내용은 여가 시간 활용에 집중되어 음악, 체육, 여행 등 과목 위주의 강좌가 운영되었다.

그러나 성경적 관점에서의 노년에 대한 이해 및 노화로 변화한 노인 자신에 대한 지식이나, 성도의 전인적 삶을 증진하는 후기 노인을 위한 교육적 시도는 매우 부족한 현실이다.

따라서, 본 연구는 성경에 나타난 노인 이해를 기반으로 하여 후기 노인의 발달과제인 자아통합을 효과적으로 이루어 줄 수 있는 교회 교육 프로그램의 개발을 목적으로 한다. 이를 위해 성경에 나타난 노인 이해와 노인 인물들을 연구하여 기독 노인으로서 바람직한 모델을 제시하고자 문헌 연구를 하였다. 문헌 연구 결과, 성경에 나타난 노인은 삶을 통해 하나님의 영광을 드러내는 존재로 후대에게 신앙을 전수해야 하는 사명을 가진 자의 역할이 있는 것으로 도출되었다.

또한, 노인의 생애 발달적 특징을 이해하기 위해 신체적, 사회적, 심리적, 인지적 발달 특징을 문헌으로 연구하였다. 연구 결과 노인의 생애 발달 특징 중 노화는 전인격적으로 노인의 삶의 질을 저하시키는 요인으로 나타났다. 따라서, 노인은 나이 듦 자체가 이전과 다르게 삶의 활력을 잃게 만드는 것이다.

또한, 고령 인구의 삶을 건강하게 유지하는 것은 모든 고령화 국가의 사회적 과제로 대두되었다. 이에 각계에서 노화 이론과 임상 연구가 활성화 되면서 노화 이론은 다양한 시각으로 발전하게 되었다. 다양한 노화 이론은 노인이 단순히 나이 들어감에 따른 능력 저하 현상에서 벗어나 노년기를 보다 활력 있고, 생산력 있게 보내기 위한 방향으로 발전하여 노인교육의 방향성을 제시하였다.

또한, 여러 나라의 노인교육의 사례를 살펴봄으로 교회 교육의 차별성 있는 교육 내용과 방법을 모색하였다.

3) 용어 정의

(1) 후기 노인(old-old)

노년기는 60세부터 시작하는 것으로 하여 60대를 초기 노인(young-old), 70대를 중기 노인(middle-old), 80대 이후를 후기 노인(old-old)로 규정한다.

후기 노인은 임종이 임박한 시기로 신체 노화의 영향으로 스스로 일상생활을 영위하기 어려워져 타인 의존 경향이 높아지는 노인이다. 또한, 죽음을 앞두고 전인적으로 삶을 정돈하고, 일생의 삶을 가치 있는 것으로 여기며, 후손에게 삶의 가치를 전수해야 할 발달과업을 가진 존재다.

따라서, 본 연구에서는 후기 노인을 하나님의 형상을 오래 품은 존재로 살아온 인생에 대해 전인적인 통합이 요구되는 80세 이상의 노인으로 정의한다.

(2) 자아통합(self-integration)

자아통합은 Erikson의 심리사회적 발달이론 중 노년기에 성취해야 할 발달과업이다. 그는 자아통합의 정의를 자신이 살아온 인생을 수용하여 삶의 의미를 발견하고, 다가올 죽음을 의연하게 기다리는 태도라고 하였다.

본 연구에서는 자아통합을 기독교 신앙을 가진 노인이 하나님과의 관계 속에서 지나온 자신의 삶을 조명하는 과정을 통해 자신이 살아온 삶의 의미를 가치 있게 수용하며 하나님을 더욱 깊이 아는 지혜를 획득하는 것으로 정의한다.

2. 노인 이해

1) 성경적 노인 이해

노인은 하나님의 형상을 오래 품은 인간이다(고후 4:7). 하나님은 인간을 창조하실 때 하나님의 형상을 따라 창조하였다(창 1:27).

이석철은 사람이란 창조 때 하나님께로부터 부여받은 하나님의 형상을 일생 동안 지니고 살아가는 것이라고 말하였다. 이 사실은 인간의 기본적인 가치와 존엄성의 근거가 된다.[18] Horace L. Kerr는 영적으로나 정신적으로 볼 때, 노인은 젊은 사람보다 하나님의 형상을 더 닮는다고 주장하였다.[19]

사람이 하나님을 경험하며 아는 것은 평생의 삶을 통해 이루어지며 나이에 제한이 없다. 그러므로 하나님을 아는 일에는 은퇴가 없다.

(1) 구약성경의 노인 이해

첫째, 노인은 하나님의 영광을 드러내는 존재다.

노인의 삶은 하나님께서 역사하신 결과 그 자체로 이해될 수 있다. 노인은 오랜 세월 삶을 통해 경험한 역경과 고난을 하나님과 함께 이겨냄으로 현재에 이른 존재다.[20] 성경은 노령과 장수함을 하나님의 축복으로 간주하였고(왕상 3:14), 노인들은 존경과 인정을 받을 만한 가치가 있는 사람들로 여겼다.[21]

레위기 19장 31절에 "너는 센 머리 앞에서 일어서고 노인의 얼굴을 공경하며 네 하나님을 공경하라"고 하며 젊은이는 노인을 공경할 것을 가르친다. 노인을 공경해야 할 이유는 노인이 하나님의 형상을

---

18 이석철, 『기독교 성인사역론』, 269.
19 Horace L. Kerr, How to Minister to Senior Adults in Your Church (Nashville: Broadman Press, 1980), 16; 이석철, 『기독교 성인사역론』, 270에서 재인용.
20 T. B. Maston, 『성서 그리고 현대 가정』, 169.
21 이석철, 『기독교 성인사역론』, 270.

오래 품어 왔을 뿐만 아니라, 인생의 경험을 통해 지혜가 넘쳐나기 때문이다. 그러므로 젊은이들은 노인 앞에서 자연스럽게 공경의 마음과 고개를 숙이는 행동을 통해 그들의 마음을 표현해야 한다.

출애굽기 20장 12절에서는 부모에 대한 공경이 십계명 중 하나의 명령으로 나타나 있다. 이 명령은 부모들이 젊었을 때나 늙었을 때나 항상 지키는 것이며, 부모가 연로해졌을 때는 오히려 더욱더 잘 지켜야 할 명령이다. 잠언 23장 22절에서도 "네 늙은 어미를 경히 여기지 말지니라"고 가르치고 있음을 볼 수 있다.

둘째, 노인은 지혜자 또는 현자로 등장한다.[22]

모세의 장인인 이드로의 삶을 통해 그 모습을 볼 수 있다. 이드로는 모세의 장인이며 미디안 제사장이다(출 18:1). 그의 나이는 성경에 제시되지 않았지만, 모세의 나이로 비추어 보아 팔십 이상인 것이 분명하다. 이드로는 후기 노인으로서 이스라엘 민족의 출애굽의 전 과정을 지켜본 자로 출애굽을 이루신 하나님을 경외하는 사람이었다(출 18:10).

이드로는 출애굽 후에 백성들이 송사할 때 사건의 양이 많아 모세의 업무가 가중되는 상황을 보고, 모세에게 천부장, 백부장, 오십부장, 십부장의 직위를 백성에게 주고 사건의 경중에 따라 재판할 것을 권면한 지혜자다. 이에 모세는 그의 조언을 따라 조직을 나누고, 업무를 분장하였다(출 18:24). 이드로는 과거 경험을 풍부하게 갖고 있는 산증인으로 이스라엘의 행정 체계를 정비할 수 있도록 도와주었다.[23]

셋째, 노인은 하나님을 경험하고, 신앙을 전수하는 자였다.

모세는 오랜 세월 애굽의 왕자로 40세까지 성장하였다. 이후 모세는 80세에 호렙산 광야에서 불붙는 떨기나무 앞에서 하나님을 만났다(출 3:4). 그는 하나님으로부터 이스라엘 민족이 애굽을 떠나 가나안

---

22 Andrew E. Hill · John H. Walton, 『구약개론』, 엄성옥 외 역 서울: 은성, 2001), 396.
23 강병도, 『출애굽기, 카리스 종합주석 9』(서울: 기독지혜사, 2009), 245.

으로 갈 것과 그곳에서 하나님께 예배할 것을 명령 받고 이를 준행한 자다(출 3:12).

모세는 이스라엘의 지도자가 되어 하나님의 말씀을 대언하고, 이스라엘 백성을 하나님의 백성이 되도록 이끈 인물이다. 모세가 120세에 느보산에서 생을 마감할 때 여호수아에게 사역을 계승하는 모습을 볼 수 있다.[24] 이처럼 모세는 이 땅에 태어나 사망하는 날까지 하나님이 함께하시고 그분의 보호를 받으며, 하나님의 일을 수행한 인물이다.

물론, 모세는 40살이 되어 하나님을 인격적으로 만나는 경험을 하지만 하나님은 그의 인생 안에서 충만히 역사하고 계셨다.

갈렙은 유다 지파 여분네의 아들로 출애굽 당시 38세였고, 출애굽 후에 가나안 땅을 정탐하러 간 12명 중 한 명이었다. 그는 광야에서 40년의 세월과 가나안 정복 7년 내내 하나님의 약속을 굳게 믿으며 언약의 땅을 소망하였다. 갈렙이 가나안 땅을 정복할 때 85세였다. 갈렙은 하나님의 언약을 상기시키며 백성들을 위로한 자로[25] 하나님의 말씀을 받아 가나안 정복을 이룬 믿음의 사람이었다(수 14:12). 정복전쟁에 함께한 이스라엘 백성들은 갈렙을 존경하고 하나님을 경험하게 되었다.

넷째, 늙는 과정에 수반되는 특성은 이해력과 지혜다.[26]

욥기서 12장 12절에 "늙은 자에게는 지혜가 있고 장수하는 자에게는 명철이 있느니라"고 노인의 특징을 설명하고 있다. 잠언 16장 31절에 "백발은 영화의 면류관이라 의로운 길에서 얻으리라"고 하였고, 잠언 20장 29절에는 "젊은 자의 영화는 그 힘이요 늙은 자의 아름다운 것은 백발이니라"고 하였다.

---

24 강병도, 『여호수아, 카리스 종합주석 21』 (서울: 기독지혜사, 2009), 56.
25 강병도, 『여호수아, 카리스 종합주석 22』 (서울: 기독지혜사, 2009), 120.
26 T. B. Maston, 『성서 그리고 현대 가정』, 175-9.

다섯째, 노인은 활동적이고 생산적인 삶을 살았다.

노년기에도 생산적으로 활동한 인물은 아브라함, 이삭, 야곱, 이드로, 모세, 갈렙, 다윗, 솔로몬 등 많은 인물이 있다. 구약성경의 노인은 사회에서 소외된 존재가 아니라 영광스러운 존재다.

백발의 면류관은 오랜 기간 삶을 살면서 다져진 인생을 은유적으로 표현한 것이다. 백발의 노인은 삶 속에서 이제까지 인도하시고, 역사하신 하나님의 영광을 드러내는 증인이 되는 것이다.

이를 통해 볼 때 구약성경에 나타난 노인은 오랜 삶을 통해 하나님의 영광을 드러내며 끊임없이 신앙을 전수하는 자, 지혜가 충만한 자, 후손으로부터 존경받을 만한 존재임을 알 수 있다.

(2) 신약성경의 노인 이해

신약성경에서 노인은 하나님의 명령을 준행하는 자다.

신약성경의 대표적인 노인으로 누가복음의 시므온과 안나 선지자가 있다. 시므온은 하나님으로부터 명령을 받고 이스라엘이 받을 위로를 기다리고 있었다. 이스라엘이 받을 위로란 메시아의 탄생이다. 즉, 그는 메시아를 기다린 인물로 하나님의 성육신하심을 목도하는 것이 인생의 사명이었음을 고백했다(눅 2:26).

안나는 7년 만에 남편이 사망하고, 과부로 84년을 지낸 것으로 성경은 말하고 있다. 그녀는 결혼 이전의 나이를 추정하지 않더라도 91세 이상의 노인이었다. 유대인들의 메시야 대망은 그들의 신앙의 핵심이었다.[27] 그녀는 예수님의 탄생을 보고 메시아를 기다리는 사람들에게 탄생을 알리는 자의 역할을 감당했다(눅 2:38).

시므온과 안나의 역할로 인류는 기다리던 메시아의 탄생을 알게 되었다. 시므온과 안나의 삶은 하나님의 명령을 받고 준행하는 것이었다. 이

---

27 강병도, 『누가복음, 카리스 종합주석 6』(서울: 기독지혜사, 2009), 272.

들의 사명이 완성된 시점은 노년기였다. 그들은 노인이었지만 하나님 앞에서의 사명을 완수함으로 활력 있고, 생산성 있는 인간으로서의 면모를 보여 주었다.

이를 통해 볼 때 신약성경에서의 노인 이해는 하나님의 명령과 사명을 준행하는 자, 활력 있고, 생산성(grand-generativity)을 가진 자임을 알 수 있다.

2) 생애 발달적 노인 이해

노년기는 신체적, 사회적, 심리적, 인지적으로 큰 변화를 겪는 시기다. 노년기의 영역별 발달 이해는 다음과 같다.

(1) 노인의 신체적 발달 이해

노인은 노화에 의한 신체 변화를 겪게 된다.[28]

인간의 노화는 일반적으로 40세 이후 본격적으로 진행된다고 본다. 외형적 면에서 노화 현상이 가장 먼저 보이는 것은 피부다. 피부 노화는 피하지방의 감소로 탄력성과 윤기가 줄어들고 건조하여 주름과 반점들이 생겨나는 것으로 확인된다.

그리고 골밀도가 낮아지면서 골다공증으로 이어져 골절의 위험도가 높아지고, 척추 디스크의 수축으로 키가 줄어든다. 골절은 노인의 기능을 손상시킬 뿐만 아니라 사망에 이르게 하기도 한다. 노인은 일상생활에서의 낙상으로 인한 골절이 많이 일어난다.[29]

또한, 고관절 골절 환자 중 20%가 1년 이내에 사망하며, 노인의 경우 사망률이 더 증가한다. 그러므로 노년기에는 하지 근육을 강화하여 직립 보행을 할 수 있도록 근력 운동이 필요하다.[30] 근육의 노화는

28　정옥분, 『발달심리학』, 617.
29　송선희 외 7명, 『새로 쓴 노인교육론』, 29.
30　이시형, 『신인류가 몰려온다』, 64.

약 50세부터 급격하게 진행되어 탄력과 힘이 떨어지게 된다. 체중은 40~50대에는 증가하는 경향이 있으나 60대 이후에는 감소하는 경향이 있다.

치아 건강은 45세 이후 치주가 약화되는 데 이로 인해 건강한 영구치의 개수는 60대에 14개, 70대에 11개, 80대에 6개 정도이며, 치아의 색이 탁해지고, 잇몸이 수축된다. 치아가 손상되어 빠진 노인들은 씹기가 힘들어져 식욕을 잃기도 한다.[31]

모발은 중년 이후 약해지며, 탈모로 인해 체모의 개수가 줄고, 윤기를 점차 잃어가고, 회백색으로 변하여 백발로 변화한다.

신체 기능적 면에서 노화는 소화기계, 호흡기계, 심혈관계 등의 내장 기능 및 수면 등 전반적으로 모든 기능이 저하된다고 할 수 있다.[32] 이것은 신체 내부에서 노화의 진행으로 인한 퇴행성 변화다.[33]

노인의 뇌는 이전과 비교하여 무게가 감소하고, 뇌수의 회백질 및 수지상 돌기의 밀도, 신경 세포의 자극 전달 속도의 감소가 있다. 이러한 뇌의 구조와 기능의 감소는 일상생활에서 반응 시간이 길어지는 결과를 가져온다. 노인들은 침샘 및 소화액 분비량의 감소로 소화가 잘 되지 않는 불편감을 호소하는 경우가 많다.

호흡기계는 폐의 탄력성이 떨어져 호흡 횟수가 줄고, 공기와 함께 흡입한 분진을 청소하거나 기침으로 배출하는 기능이 저하되어 폐렴에 노출되어 호흡기 질환이 증가하게 된다.

심혈관계 질환은 노화가 진행될수록 증가하는데 혈관이 두꺼워져 혈압이 높아져 혈압이 일정하지 않거나 고혈압 발병률이 증가한다. 고혈압은 뇌졸중, 심근경색, 협심증, 관상동맥경화 등 합병증의 위험을 증가시킨다. 혈액 순환 장애는 생리 기능의 저하와 뇌세포 파손의 원인이 되어 혈관성 치매가 발생하기도 한다.

---

31 정옥분, 『발달심리학』, 623.
32 송선희 외 7명, 『새로 쓴 노인교육론』, 22.
33 정옥분, 『발달심리학』, 624-5.

이러한 특징적 발달은 노인성 치매로 나타날 수 있다. 치매는 인지 기능의 손상을 동반하는 질환으로 비가역적 성격을 띠고 있다. 치매 증상은 기억력 손상과 실어증, 실행증, 실인증과 같은 일상생활 기능 장애를 동반하고 있어 노년기의 가장 어려운 심리·사회적 문제로 이어진다.[34]

노인은 일상생활에서도 변화를 보이는데 수면 시간은 55세 이후 급속히 감소되어 60세 이상이 되면 5~6시간 정도가 된다. 노인에게는 불면 현상이 증가하기도 한다. 불면 현상은 그 자체로도 근심과 염려의 증가, 우울증, 신경증 등의 심리적 문제로 발전하기도 한다.[35] 또한, 불면현상은 전반적인 신체적 건강 균형을 무너트리는 시작점이 되기도 한다.

노인은 오감 자극 과정에서 감퇴를 경험한다. 감각 자극에 대해 민첩하게 반응하지 못하고 일상생활에서 정보를 인식해서 받아들이는 속도가 느린 경향을 갖게 된다.[36]

시각은 감각 기관 중 가장 먼저 퇴화하기 시작한다. 시력 감퇴는 피곤을 쉽게 느끼게 하고, 무기력하게 만들며 행동의 제약을 가져온다. 노인이 겪는 안과 질환에는 백내장과 녹내장, 황반변성이 있다.

또한, 노인은 청력의 감소로 인해 소리의 식별 능력이 떨어지고 대화를 잘 알아듣지 못하게 되어 소통에 어려움을 겪게 된다. 청력 감퇴는 시력 감퇴보다 대인 관계에 더 많은 문제를 일으킬 수 있고, 개인에게 심리·사회적으로 타격을 줄 수 있다. 의사소통이 잘되지 않으면 노인들은 고립감을 느끼고 사회적으로 위축되므로 적절한 보청기의 사용이 필요하다.

---

34 문준희·김영숙, "치매 노인의 자아통합감과 스트레스에 대한 수용전념치료 효과성 연구: 스트레스 매개효과 검증", 사회과학 담론과 정책 13/2 (2020): 245-70.
35 송선희 외 7명, 『새로 쓴 노인교육론』, 23.
36 정옥분, 『발달심리학』, 625.

후각과 미각은 노화로 인한 변화가 비교적 적다. 노인은 맛봉오리의 수가 감소함에 따라 맛을 느끼고 변별하는 능력이 감퇴된다. 촉각은 혈액 순환 장애의 영향을 가장 많이 받는 감각 기관이다. 통각은 노화에 따라 약화된다는 연구 결과가 있으나, 감퇴하지 않는다는 보고도 있어 아직 확립된 이론은 없는 상태다.[37]

(2) 노인의 사회적 발달 이해

노인의 사회적 발달의 특징은 사회적 지지 기반과 역할의 축소다. 노년기 사회적 기반과 역할의 축소의 주된 요인은 직업의 은퇴와 사별이다. 그 결과 노인은 대인 관계의 접촉이 줄어들고 기존의 역할이 감소한다.[38]

노인의 사회적 지지 기반은 가정, 학교, 회사, 동호회, 교회 등 여러 단체를 들 수 있다. 노인은 친구 또는 지인들과의 관계를 통해 다양한 사회적 지지를 제공 받으며 심리적·신체적 안녕을 추구할 수 있다.

그러나 노인은 직업의 은퇴와 가족들과의 분리를 맞으면서 사회적 지지 기반 및 역할의 축소를 경험한다. 은퇴는 직업의 세계를 떠나 자기의 정체감의 중요한 부분을 포기하는 것으로, 노년기에 있어서 심리적인 어려움을 주는 가장 중요한 요인 중 하나다.

또한, 은퇴는 노년기의 경제적 곤란을 가져온다. 노인은 은퇴하면서 재취업의 기회가 제한되어 경제적 빈곤을 겪게 되는데 기대 수명의 연장으로 인해 빈곤이 장기화된다.

또한, 노부모의 부양을 꺼리는 젊은 세대의 증가로 노인 빈곤자의 수가 대량화될 수밖에 없는 실정이다.

그리고 노년기는 가족 관계의 변화를 경험하게 되는데, 자녀가 취직이나 결혼하여 독립해 나가면서 가족 관계의 전환기를 맞는다. 그러므

---

37 송선희 외 7명,『새로 쓴 노인교육론』, 26.
38 이석철,『기독교 성인사역론』, 278.

로 노년기에는 부부가 서로 인생의 반려자로서의 의미가 부각되므로 부부간의 친밀도를 높이는 것이 요구된다. 많은 연구에서 노년기의 결혼 만족도는 중년기보다 높으며, 많은 노인부부가 해를 거듭할수록 결혼생활이 더 좋아진다고 보고하고 있다.[39]

우리나라 노인 동거 형태는 과거에 장남 혹은 아들 부부와 동거하던 전통적인 대가족에서 변화하였다. 현대 사회에서는 장녀 혹은 딸 부부와 동거, 노인부부, 독거 노인, 친척과 함께, 양로원이나 요양 시설 거주 등 다양한 형태를 보이고 있다.[40] 전통적인 가정에서 노인은 오랜 경험, 지식, 지혜 등을 토대로 가정의 중요한 문제 해결과 최종 결정자로서 자손의 교육과 가족을 인도하는 역할을 수행하였다.

그러나 현대 사회 변화에 따라 가족과 사회 속에서 노인의 역할은 축소·변화하고 있다. 노인이 은퇴 및 자녀의 출가 등 사회적으로 축소를 경험하면서 노인 생활에서 늘어나는 것은 여가 시간이다.[41] 노인의 평균 수명이 늘어남에 따라 여가 시간과 소득을 위한 시간 사이의 균형을 맞추는 일이 중요하게 부각되고 있다.

또한, 노년기는 주변인의 죽음을 빈번히 맞이하는 시기다. 특히, 배우자와의 사별은 정서적 문제에 부딪히게 한다. 남녀 노인은 모두 사별 이후 공허감, 상실감, 고독감의 정서를 경험하게 된다. 애도의 과정과 강도 및 그 지속 기간을 단축하는 것은 성(性), 연령, 성격 등의 요인에 따라 개인차가 있다.[42]

따라서, 노년기에는 사회적 관계 범위의 축소를 예견하고 질적으로 밀도 있는 관계를 형성하는 것이 매우 중요하다. 기독 노인의 사회적 지지 기반 중 가장 오래 지속되는 공동체는 교회와 가정이다. 그러므로 교회와 가정은 노인의 삶을 풍요롭게 하는 사회적 지지 기반의 역

---

39 정옥분, 『발달심리학』, 662.
40 송선희 외 7명, 『새로 쓴 노인교육론』, 91.
41 송선희 외 7명, 『새로 쓴 노인교육론』, 291.
42 정옥분, 『성인·노인심리학 3판』(서울: 학지사, 2023), 585.

할과 사명이 있다.

(3) 노인의 심리적 발달 이해

노인은 직업의 은퇴와 배우자의 사별, 자녀의 출가 등의 사유로 사회적 지지 기반의 축소를 경험하면서 심리적 소외감과 고독감을 느끼게 된다.[43]

노인은 젊은 성인과 다르게 심리적인 요인으로 인한 질환의 발생이 많이 나타나는 경향이 있다. 섬망과 울병은 정신과적인 문제에서 비롯된다.[44] 노인의 질환에서는 마음과 몸이 아주 밀접하게 연계되어 있다.

노인이 겪는 생활 전반의 스트레스는 우울감을 유발하기도 한다.[45] 노년기 우울감은 갑작스럽게 나타나 노인 우울증으로 발병할 수 있다. 노인 우울증은 만 65세 이상의 노인에게 이전과 다르게 갑작스럽게 나타나는 우울 증상을 말한다.[46]

또한, 노인 우울증은 사회적 변화에 적응하지 못하는 노인에게서 빈번히 나타날 수 있는 정신질환이다. 우울증 환자들은 다양한 신체 증상 및 통증을 동반하는 경우가 많다. 노인 우울증 환자들은 우울하다고 호소하기보다는 신체 증상 또는 건강 문제에 몰두하여 염려하는 경우가 많다.[47] 이러한 증상은 우울증 진단이 지연되게 하는 요인이 된다.

노인 우울증은 적절히 치료하지 않을 경우 심리적 손상, 경제적 손실, 신체적 질환 등이 유발되어 더욱 심각한 상태로 진행될 수 있기에 적절한 중재가 필요하다. 노년기 우울감은 이전에 중년의 시기에 겪지 않았던 노인이라 할지라도 갑작스럽게 나타날 수 있는 특징을 가지

---

43 이석철, 『기독교 성인사역론』, 279.
44 이시형, 『신인류가 몰려온다』, 30.
45 정옥분, 『발달심리학』, 665.
46 분당서울대병원 노인의료센터, 『노인을 위한 치료백과』 (서울: 알에이치코리아, 2022), 167.
47 한은희 외, "노인 우울증 환자에서 선택적 세로토닌 재흡수 억제제, 세로토닌 노르에피네프린 재흡수 억제제가 우울증상, 통증 그리고 신체증상에 미치는 효과 비교" 정신신체의학 28/1 (2020) : 72-80.

고 있다.

　노년기에 우울한 사람들은 부적절한 슬픔, 강한 분노, 낮은 자존감, 의기소침 등의 정서적 변화를 경험하게 된다. 또한, 극심한 체중 감소, 수면 장애, 소화 불량, 변비, 가슴 답답함, 두통, 무기력, 식욕 부진 등의 신체적 변화를 겪기도 한다. 그리고 지나치게 건강을 염려하는 등의 신경증적 경향, 자해 또는 가해, 음주, 대인 관계 기피, 자살과 같은 행동적 문제 증상이 나타나기도 한다.

　또한, 노인이 갖는 외로움의 감정은 우울증과 노인성 치매를 가속화한다. 노인성 치매는 인지 기능의 손상을 동반하는 비가역적인 질환으로 기억력 손상과 같은 기능 장애를 동반하기에 노년기의 어려운 심리 사회적 문제다.[48]

　인간은 노년기에 이르면서 일생을 보는 관점이 달라진다. 노인은 살아온 시간보다 남은 시간을 계산하는 시간 전망(time perspective)이 변하게 되는 것이다.[49] 임종이 가까워짐에 따라 살아온 날들을 기준하는 것이 아니라, 앞으로 남은 날을 기준으로 생각하는 관점으로 변화면서 가까이 다가온 자신의 임종을 지각하며 과거를 회상하는 경향이 증가한다.[50]

　또한, 노인은 다가올 자기 죽음에 대해 공포감이 있기도 하다. 노인은 나이가 들수록 성격에서 내향성과 조심성이 증가한다. 젊었을 때 쉽게 결정하고 과감하게 행동했지만, 나이가 들면서 과감성은 줄어들고 신중성이 늘어난다. 노인은 타인에게 인정받고 소속되고자 하는 욕구로 인해 타인이 필요로 하는 존재이며, 능력 있는 사람으로 인정받고 싶어한다.

　그러나 노인은 언제까지나 예전의 역할과 지위를 계속 유지할 수 없음을 알고 있어서, 지위에서 물러날 때는 의미 있고, 명예롭게 이전 활

48　문준희·김영숙, "치매 노인의 자아통합감과 스트레스에 대한 수용전념치료 효과성 연구: 스트레스 매개효과 검증": 245-70.
49　한정란, 『노인교육론: 노인을 위한, 노인에 관한, 노인에 의한 교육』, 214.
50　심영옥 외 2명, 『노인 미술 교육의 이론과 실제』(서울: 창지사, 2020), 41.

동들을 정리하고 싶어한다. 따라서, 노인이 갖는 심리적 압박에서 편안해 지는 것은 노인의 심리적 안녕에 매우 중요한 과제이다.

(4) 노인의 인지적 발달 이해

노인의 인지적 특성은 새로운 것을 배우거나 습득하는 데 어려움을 겪는다는 것이다. 노인은 이전과 다르게 습득이 어려운 자기의 모습을 보고 위축되어 새로운 것을 배우는 것을 꺼리게 되는 경우가 많다. 기억력 감퇴는 노년기의 인지 변화 중 가장 심각한 측면이다. 노화는 감각 기억과 단기 기억에서 정보 처리의 효율성을 감소시키고 장기 기억으로부터의 인출을 어렵게 만든다.[51]

노인은 나이가 들수록 정보의 인출이 어려워지는데 연령 증가에 따라 기억 재료를 분류하고 조직하는 능력이 감퇴하기 때문으로 지적된다. 따라서, 노인은 지능의 감소를 경험한다. 지능은 구성적, 경험적, 상황적 지능으로 구성되어 있다. 즉, 정보를 효율적으로 처리하는 구성적 지능과 과거의 경험을 바탕으로 새로운 문제를 해결하는 경험적 지능, 환경에 대처하는 상황적 지능이다. 노인은 나이가 들수록 어떤 상황에 대처하거나, 처리하는 능력이 저하되므로 일상생활에서 불편감을 느끼게 된다.

그러나 노화에 따른 지능의 감소는 학습에 어려움을 줄 정도는 아니다. 노인에게 학습은 인지 능력만으로 이루어지는 것은 아니다. 노인은 경험으로 획득된 지식과 기술이 있으므로 비록 순발력과 정보 처리 능력이 젊은이에 비해 뒤쳐지더라도 경험에 의한 통찰력 및 노하우는 젊은이보다 출중할 수 있다.[52] 즉, 노인은 구성적 지능 영역에서 어려움을 겪지만 경험적, 상황적 지능의 습득은 충분히 할 수 있다.[53]

---

51 송선희 외 7명, 『새로 쓴 노인교육론』, 53.
52 한정란, 『노인교육론: 노인을 위한, 노인에 관한, 노인에 의한 교육』, 203.
53 정옥분, 『성인·노인심리학 3판』, 140-41.

3) 노인에게 나타나는 주요 질병

(1) 섬망

섬망은 급성기적 의학적 문제가 원인이 되어 뇌의 전반적인 기능의 장애가 나타나는 상태를 말한다.[54] 섬망은 노인에게 매우 흔하게 발생하며, 특히 입원 중이거나 전신 마취 수술 후, 장기요양시설에 거주 중인 노인들에게서 빈번히 발생한다. 섬망은 주의력, 각성, 전반적인 인지 기능이 저하되어 가족을 못 알아보거나 헛소리를 하고, 헛것을 보는 등의 증상으로 나타난다.

섬망이 생기는 데는 반드시 이유가 있다. 섬망은 다른 신체적 질환이나 약, 물질 중독 혹은 금단 등과 같은 다양한 인자 중에 한 가지 원인에 의해 발생하기도 하고, 여러 가지 원인이 복합적으로 작용하여 발생한다.

섬망의 원인이 되는 신체 상태를 치료하고 원인이 되는 약물을 중단하고 나면 대개는 1주일 안에 호전되지만, 때로는 수개월까지 지속되는 경우도 있다.[55]

원인을 치료하는 것만으로도 섬망은 회복될 수 있으며, 조기에 발견하고 개입하면 섬망으로 힘들어하는 기간을 단축할 수 있다. 섬망이 발생하면 낙상 등의 사고가 일어날 수 있으므로 조기에 발견하여 개입하는 것이 중요하다.

(2) 노인 우울증

노년기 우울증은 치매와 함께 노년기에 가장 흔한 정신과 질환으로 65세 이상 인구의 10~20퍼센트까지 우울증 증상을 보이는 것으로 보고되기도 한다. 노인 우울증을 자연스러운 노화 현상, 환경적 변화, 사

---

54 분당서울대병원 노인의료센터, 『노인을 위한 치료백과』(서울: ㈜알에이치코리아, 2022), 21.
55 분당서울대병원 노인의료센터, 『노인을 위한 치료백과』, 23.

회적 위치의 변화 등에 대한 자연스러운 반응으로 여겨져서 진단과 치료의 적기를 놓치기 쉽다.[56]

노년기 우울증의 발생 원인은 기능이 저하된 뇌가 스트레스를 받아 발생하는 것으로 알려져 있다. 노인은 노화에 의해 뇌의 크기와 신경세포가 줄어드는데 뇌의 백질에 변화가 오면 감정과 인지를 조절하는 신경회로가 다치게 된다. 이런 경우를 혈관성 우울증이라고 한다. 즉, 우울증은 마음의 병이 아니라 뇌의 병이다.[57]

노인 우울증의 가장 큰 증상은 특별한 원인을 찾을 수 없는 신체 증상이다. 어지럽고, 소화가 안 되고, 가슴이 아프고, 머리가 아프고, 심장이 두근거리는 등의 증상이 있어 검사를 해보면 이상이 없다. 이는 우울증으로 인하여 뇌의 기능에 변화가 발생하여 실제가 아닌 신체 증상들이 나타나는 것이다.

또한, 이유 없이 불안하고 초조할 수 있다. 우울증이 심할 때는 집중력, 실행력, 기억력 등이 떨어져 마치 치매처럼 보이기도 한다. 불면과 식욕 저하, 체중 저하도 우울증의 대표적인 증상이다. 우울증이 심할 때는 망상까지 나타날 수 있다. 망상은 과도한 무가치감, 죄책감, 건강염려증, 피해망상 등이 나타날 수 있고, 자살에 관한 생각도 나타날 수 있다.

우울증은 환자가 가지고 있는 신체 질환의 증상 혹은 경과를 악화시킬 수 있으며, 치료 효과도 떨어진다. 또한, 치매의 위험도 높이는 것으로 알려져 있다. 또한, 노인자살의 가장 큰 원인은 우울증으로 나타났다. 그러므로 정신건강의학과 진료를 받아 정확한 진단을 받고 원인을 파악하는 것이 필요하다. 우울증은 여러 연구 결과 전반적으로 나이가 많아질수록 우울증 위험이 크고, 사회적 지지 체계가 낮은 경우 위험하다고 할 수 있다.

---

56 분당서울대병원 노인의료센터, 『노인을 위한 치료백과』, 167.
57 분당서울대병원 노인의료센터, 『노인을 위한 치료백과』, 170.

노년기에는 사회 활동 및 경제 활동이 줄어들어 사회적, 경제적 어려움이 스트레스로 작용할 수 있다. 또한, 배우자나 친구와의 사별이 정서적 스트레스로 작용한다. 신체적으로는 갑상선 기능 저하와 같은 질환이 직접 우울증을 일으키기도 하고, 스테로이드와 같은 약물에 의해 발병되기도 한다.[58] 우울증은 자신이 처한 상황에 대해 비현실적으로 평가를 하게 되고, 왜곡된 사고에 의해 상황과 관계는 악화한다.[59]

(3) 치매

치매는 후천적으로 기억, 언어, 판단력 등 다양한 인지 기능이 감퇴되어 스스로 일상생활을 유지하기 어려워진 상태를 의미한다.[60] 치매는 한 가지 질환을 일컫는다기보다는 종합적인 상태를 이르는 일종의 '증후군'을 이르는 말이다. 만약 인지 기능이 감퇴하였지만 스스로 일상생활 유지가 가능하다면 이것은 치매가 아니고, '경도인지장애'라고 부른다.

치매는 원인 질환에 따라 증상, 경과, 예후와 치료법이 다르다. 알츠하이머에 의한 치매는 기억력부터 나빠지지만, 픽병, 루이소체병, 수두증에 의한 치매의 증상은 다양하다.

혈관성 치매는 어느 순간 갑자기 모든 증상이 일시에 시작되어 치매 단계로 진입하는 경우가 많다. 65세 이후에 발생하는 노인성 치매 환자의 비율은 나이가 증가할수록 높아진다.

우리나라 평균 수명이 80세가 넘어선 지 오래이며, 80세 이상 노인의 경우 4명 중 1명이 치매 환자다. 우리나라 치매 환자 수가 세계에서 가장 빠른 속도로 증가하고 있다. 2018년 기준 75만 명인 치매 환자 수가 2024년에는 100만 명에 이를 것으로 예상한다.

---

58 분당서울대병원 노인의료센터, 『노인을 위한 치료백과』, 172.
59 James Osterhaus·James Denny, 『부모로부터 받은 상처의 치유』, 이석철·박행님 역 (대전: 하기서원, 2010), 276.
60 분당서울대병원 노인의료센터, 『노인을 위한 치료백과』, 142.

기억력 감퇴는 치매의 대표적인 초기 증상이다.[61] 치매에 의한 기억력 감퇴는 사건이나 경험 자체를 기억하지 못하는 경우가 많다. 또한, 해를 거듭할수록 점점 악화한다. 치매는 시간이 흐르면 기억력 감퇴 외의 다양한 증상을 보인다. 예를 들어, 혼자 잘 다니던 곳에서 길을 잃거나, 적절한 어휘를 생각해 내지 못해 의사 표현이 모호해 지고, 돈 계산을 틀리거나 돈 단위를 구분하지 못하게 되거나, 돈이 없어졌다며 근거 없이 가족을 의심하는 일들이 생겨난다.

또한, 치매 발병 후 발생한 최근에 일어난 일들은 쉽게 잊어버리지만, 치매 발병 전의 과거 기억은 잘 기억하는 특징을 가지고 있다. 치매의 원인으로는 알츠하이머와 혈관성 치매가 가장 많으며, 그 밖에 레비소체 치매, 정상압 수두증, 행동변이성 전두측두엽치매가 있다.

노인기에 갑작스럽게 나타나는 우울, 치매 현상을 어떻게 신앙 안에서 받아들일 것인가는 많은 논쟁의 대상이 되고 있다.

인생의 지혜를 가르치는 잠언에 마음의 병에 관한 조언이 있다. 잠언 4장 23절에 "무릇 지킬만한 것보다 더욱 네 마음을 지키라 생명의 근원이 이에서 남이니라"고 가르치고 있다. 잠언 15장 13절은 "마음의 즐거움은 얼굴을 빛나게 하여도 마음의 근심은 심령을 상하게 하느니라"고 하였다. 잠언 14장 30절은 "평온한 마음은 육신의 생명이나 시기는 뼈를 썩게 하느니라"고 하였다. 즉, 인간이 살면서 얻는 정신병은 외부적 요인보다는 내면적 요인이 크게 작용한다고 할 수 있다.

따라서, 노년기에 나타나는 질병 중 불가역성 질병에 대해서는 신앙 안에서 하나님과 함께 이겨내고자 하는 노력이 필요하다.

---

61 분당서울대병원 노인의료센터, 『노인을 위한 치료백과』, 148.

3. 노화 이론

노화(aging)란 시간의 흐름에 따라 인간 전체가 경험하면서 겪는 보편적이며 점진적으로 일어나는 신체적·사회적·심리적 변화의 발달 과정이다.[62] 노화는 신체구조와 기능상의 변화뿐만 아니라 인간의 사회 관계 적응, 행동에서의 변화 유형까지 포함하는 변화다.[63]

인간이 나이가 들어감에 따라 신체, 심리, 사회적인 변화를 경험하는 과정에서 자신의 삶 또는 상태에 대해 의미를 부여하고 주관적인 인식을 노화 태도라고 한다. 이는 나이가 드는 과정에서 형성되는 자아상이다. 노화에 대해 갖는 태도는 개인마다 다르며 노인은 자신의 늙어감에 대해 긍정적, 부정적인 태도를 보인다. 노화는 인간이 경험하는 보편적 현상임에도 불구하고 노화와 노인에 대하여 많은 편견과 오해가 있다.

정상적 노화(normal aging)는 신체적 또는 정신적 질병이 없이 순수한 나이 증가로 인해 진행되는 일반적 노화다. 정상적 노화는 피부에 주름이 늘어나고, 건조하며, 머리카락이 희어지며, 기억력, 순발력이 이전과 비교하여 저하되는 것이다.[64]

병리적 노화(pathological aging)는 의학적 원인이나 병적 증상에 따른 노화 과정으로, 여러 가지 능력과 활동의 제한을 받고 치매나 우울 등의 정신적 증상을 동반한다.[65]

1963년 국립정신건강기구(National Institute of Mental Health)의 연구에 따르면 이제까지 사람들이 노화로 인식했던 많은 것이 정상적인 노화의 범위를 벗어난 병리적인 노화라고 밝혀졌다.[66] 사람들은 정상적 노화와 병리적 노화 과정 사이에 차이가 있음에도 이것을 혼동하여 노인

---

62 정옥분, 『발달심리학』, 659.
63 한정란, 『노인교육론: 노인을 위한, 노인에 관한, 노인에 의한 교육』, 173.
64 정옥분, 『발달심리학』, 617.
65 한정란, 『노인교육론: 노인을 위한, 노인에 관한, 노인에 의한 교육』, 174.
66 송선희 외 7명, 『새로 쓴 노인교육론』, 18.

에 대한 편견과 오해를 가진 것이다.

최근 등장한 노화 이론은 이전의 시각에서 변화되어 활기차고 건강한 노후를 위한 이론으로 발전하여 노인교육의 방향성을 제시하는 발판을 마련했다. 발전된 노화 이론은 건강한 노화, 성공적 노화, 액티브 노화, 생산적 노화, 디지털 숙성, 항노화, 긍정적 노화 등이 있다. 이와 같은 이론들의 배경에는 자신이 살아온 인생에 대한 만족감을 느끼고 현재와 미래를 있는 그대로 받아들이는 노인기를 지향한다.

따라서, 이 이론들에는 자아통합을 이룬 결과물로서 노인기를 보내도록 조력하는 관점이 내재되어 있다고 말할 수 있다.

1) 건강한 노화(Well aging)

건강한 노화(well aging)는 '잘'의 'well'과 '나이 듦'의 'aging'의 합성어로 사회·문화적 현상과 맞물려 만들어진 신조어로, 과학 기술 발전으로 노화 속도의 지연, 인구 고령화로 부쩍 높아진 건강에 관한 관심에서 비롯되어 지금도 계속 발전하고 있다.

인구 고령화로 노화(aging)는 단순히 노인과 장수에 국한되지 않고 모든 사람이 생애에 걸쳐 경험하는 공통된 현상으로 그 개념이 확장되고 있다. 장수 또는 수명 연장을 강조하는 생물학적 숙성은 웰빙이 강조되는 흐름에 발맞춰 인간 생애주기의 정서적 성장, 주관적 만족, 사회적 참여까지 고려한 건강한 노화로 발전하였다.

그 결과 노년기의 과업을 수행하는 과정에서 인격체로서 자기완성을 추구하는 존엄한 노년을 건강한 노화로 보며, 이는 노인으로서 개인이 자존감을 유지하면서 삶을 통해 경험한 지혜를 활용하여 사회적 기여가 가능한 액티브 노화까지 내포한다.[67]

---

[67] 김경호, "건강한 노화: 노년의 삶에 대한 여헌 장현광의 성찰", 「동양고전연구 49」(2012): 109-136.

따라서, 건강한 노화는 심신 건강 및 균형, 심리적 만족감과 정서적 행복, 사회·경제적 참여를 통한 지속 가능성을 중시한다. 건강한 노화는 자립 생활을 포함하는 포괄적 의미의 노화 이론으로 변화하였다.

건강한 노화의 개념은 성공적 노화, 건강한 노화, 엑티브 숙성의 개념을 포함한다. 건강한 노화는 질병 및 질환의 치료 중심으로부터 노화 예방 차원에서 신체적 및 정신적 건강 관리로의 전환을 강조하며 개인의 주관적 판단과 평가에 의존한다.[68]

즉, 노화 과정 중 개인의 인지적, 정서적, 영적 차원을 스스로 평가하는 주관적 속성이 강한 건강한 노화는 그 필수 요소로 신체 건강, 경제적 자립, 사회적 연대, 활동적 삶을 포함한다.[69]

또한, 건강한 노화는 모든 연령층의 관심사로서 인간 삶의 건강, 행복, 균형을 추구하는 일련의 노력을 일컬으며, 2000년 이후 등장한 웰빙(Well-Being)이라는 용어로 주목받게 되었다.[70] 새로운 삶의 양식으로서의 웰빙은 몸과 마음, 일과 휴식, 가정-사회-공동체 간의 조화롭고 균형 잡힌 상태이며, 웰빙 기준으로 건강, 소속감, 성취감, 유대감 등이 포함된다.

건강한 노화의 범위는 편안한 죽음(Well-Dying)의 인식까지 확산시켰다. 건강한 노화로서 웰빙은 신체적, 정신적, 사회적 영역으로 구성되며, 이는 신체와 정신 건강으로 획득한 행복이 삶의 질을 향상하므로 신체적·정신적·사회적·영적·경제적 조화로움, 균형적인 삶, 주관적인 안녕감을 강조한다.

---

68 장병주, "웰빙지향행동, 건강한 노화, 여가 태도 및 삶의 질에 관한 연구: 관광기업 이용객을 중심으로", 동북아관광연구, 14/2 (2018): 23-47.
69 김두리 외, "국내 건강한 노화 연구에 대한 통합적 문헌 고찰", 한국산학기술학회논문지, 22/3 (2021): 190-198.
70 이은영, "초고령 사회에서 에이징-테크와 웰-에이징의 공존성 연구: 노년의 인문학과 제론테크놀로지를 중심으로", 인간과 자연, 4/1 (2023): 101-124.

2) 성공적 노화(Successful aging)

1997년 John W. Rowe와 Robert L. Kahn은 노년기 삶의 질을 좌우하는 3요소를 다음과 같이 설명하였다.

첫째, 건강에 유익한 생활 습관으로 되도록 아플 일이 없게 하는 것
둘째, 사회 활동에 적극적으로 참여하는 것
셋째, 신체 기능과 인지 기능을 평균 이상 오래 보존하는 것[71]

노화 개념이 생겨난 것은 에덴동산에서 추방 당한 순간을 시작으로 보는 의견이 있다. 즉, 사람이 늙으며 겪는 고난들은 인간 타락의 죗값이라는 것이다. 기독교 교리에 따르면 하나님은 인간을 완벽한 존재로 창조하셨다.

천지창조를 설명하는 창세기는 인류의 시작과 흐름을 알게 하는 열쇠와 같은 성경이다. 창세기의 중요한 주제 중 하나는 죄가 세상에 들어와 어떻게 인간사에 영향을 주었는가다.[72] 아담과 하와가 창조되었을 때 영생을 얻게 하는 생명나무가 동산의 중앙에 위치하였고, 모든 것을 다스리는 것은 그들의 자유에 맡겨져 있었다. 그러나 인간은 에덴동산의 금령이었던 선악을 알게 하는 나무의 실과를 따먹은 행위를 통해 금령은 깨어지고 죄가 드러나게 된 것이다.

하나님은 죄를 짓게 된 인간이 생명 나무의 실과를 먹는 날엔 죄가 영원히 존재하게 되므로 불가불 인간을 에덴동산에서 쫓아내게 되었다.

최초의 인간이 선악을 알게 하는 실과를 먹지 않았을 때는 질병도 죽음도 존재하지 않았다. 그러므로 인간이 노화를 갖게 된 이전의 때

---

[71] Louise Aronson, 『나이듦에 관하여』, 542.
[72] Andrew E. Hill·John H. Walton, 『구약개론』, 79.

로 돌아가려면 죄 사함을 받아야 한다는 것이다.[73]

Robert. J. Havighurst는 성공적 노화를 위해 세 가지 요소, 즉 신체적 건강, 개인의 성격, 사회적 환경이 조화를 이루어야 한다고 주장하였고,[74] Selman & Dampier는 학습이 성공적 노화에 중요한 자리를 차지한다고 하였다.[75] Schultz & Heckhausen은 문화적 가치를 성공적 노화의 개념과 통합시켰다.[76]

이들의 생애주기 모델은 인지적·지적·정서적·창조적 기능이 성공적 노화의 필수적인 구성 요소라고 제안하였다. 노인이 신체, 심리, 사회적 문제에 대해 성공적으로 적응하는 것이 성공적 노화의 핵심이며 결과적으로 심리적 안녕 상태에 도달하게 되는 것이다.[77] 노인은 심리적 안정감과 더불어 인지적 자극을 받을 때 생활에 활력을 얻을 수 있다. 노인에게 유익한 학습은 계획되지 않고 일상에서 발생하는 비형식적 학습이다. 학습을 즐기는 사람은 노후의 삶에 긍정적으로 적응할 수 있다고 보았다.

즉, 자기의 삶에 대해 긍정적 태도를 보이고, 타인과 긍정적인 관계를 맺으며, 자율성을 유지하고, 삶의 방향성과 목표를 가지고 삶의 의미가 있는 노인이 성공적 노화의 가능성이 크다.

성공적 노화는 자아통합감과 종종 같은 의미로 해석되어 사용되지만, 이 두 개념은 서로 다른 개념이다. 자아통합감은 생애를 돌아보는 자기의식 활동이고, 성공적 노화는 자아통합감을 완성하여 얻는 결과물로 심리적 안녕감이다.[78]

---

73 Louise Aronson, 『나이듦에 관하여』, 543.
74 Robert. J. Havighurst, *Successful aging*, The Gerontologist, 1, (1961): 4-7.
75 Selman G.·Dampier P, *The Foundations of adult education in canada* (Toronto: Thompson Educational Puublishers, 1991); 한정란, 『노인교육론: 노인을 위한, 노인에 관한, 노인에 의한 교육』, 182에서 재인용.
76 R. Schulz·J. Heckhausen, *A Life span model of successful aging*. American Psychologist, 51/7 (1996): 702-14.
77 장선영, "여성노인의 자아통합감에 영향을 미치는 요인: 대전광역시 서구를 중심으로" (석사 학위 논문, 침례신학대학교 사회복지대학원, 2009), 5.
78 장성옥 외, "노인의 자아통합감 개념 분석", 대한간호학회지 34/7 (2004): 1172-83.

3) 엑티브 에이징 (Active Ageing)

엑티브 에이징 (Active aging) 은 적극적 노년, 활동적인 노화, 활력 있는 노후 등으로 폭넓게 표현된다.[79] 2002년 세계보건기구 (WHO) 는 '엑티브 에이징'에 대하여 명시하였다. WHO에 따르면 "엑티브 에이징이란, 고령화가 되어감에 따라 삶의 질 (quality of life) 을 향상하기 위해 건강 (health), 사회 참여 (participation) 그리고 안전 (security) 에 대한 기회들을 극대화하는 과정"이다.

따라서, 엑티브 에이징은 노인의 사회적, 경제적, 문화적, 영적, 시민 사회적 측면의 지속적 참여를 포함하고 있다고 규정하였다. 이는 엑티브 에이징의 잣대가 되는 연령을 생활 연령 (Biological Age) 과 사회적 연령을 고려해야 함을 의미한다.

고령화 사회에서 노인은 생활 연령의 조정으로 공동체와 사회적 관계의 상호성으로 획득된 참여 기회가 포함되는 사회적 연령 (sociological age) 이 엑티브 에이징의 기준에서 중요성이 있다. 따라서, 엑티브 숙성은 노년기 이전의 활발한 사회 활동을 노년기로 연장하여, 적극적인 참여를 이어갈 수 있도록 하는 것으로, 사회 활동뿐만 아니라 경제적 노동 활동 참가까지 모두 포함한다. 고령 노인의 엑티브 에이징은 노후 삶의 질을 제고하기 위한 건강, 교류, 자립 (Independence), 자율 (Autonomy), 생산성 등 포괄적인 의미의 능동적인 삶이라 할 수 있다.

특히, 경제적 활동은 경제적 및 비경제적 보상을 제공하여 신체적, 정신적, 정서적 건강의 긍정적 효과와 정서적 기능 저하 지연, 자아실현, 정신 건강 증진, 사회 관계 강화, 심리적 안정, 건강 관심 증대 및 건강한 생활 습관, 질병 대응 및 예방 등 의료기관 이용 및 의료비 감소 등을 기대할 수 있다.

---

[79] 김명식, "정년제, 연령차별주의, 웰에이징", 「생명연구 58」 (2020) : 25-45.

따라서, 노인은 여가 시간에 자가(自家) 내에서의 정적, 소극적, 비경제적, 개인적인 여가 활동에서 벗어나 사회적 관계 속에서 동적, 적극적, 생산적인 활동을 이행하며 삶의 질을 향상할 필요가 있다. 노후 활동 내용과 범위는 노인의 연령, 건강 상태, 경제적 수준에 따라 크게 달라지므로, 건강 증진, 경제 활동, 사회 활동, 교육, 문화 활동 등 다양한 욕구와 취향을 고려하여 능동적인 참여와 의미 있는 경험의 기회를 제공하는 프로그램 개발이 필요하다. 노년기에는 삶의 질을 증진하기 위한 여가 생활과 경제 활동 참여를 고려하되, 정보화 사회에서 소외되지 않도록 다양한 사회적인 차원에서의 노력이 요구된다.

엑티브 에이징은 개인과 집단 모두에게 적용할 수 있다. 노인들이 도움을 요구할 때 사회는 충분한 보호와 안전 그리고 돌봄을 제공하여 노인들로 하여금 그들의 필요, 욕구, 역량에 따른 사회를 참여할 수 있도록 도움을 주는 것이다. 액티브 에이징을 성취한 노인은 자신의 신체적, 사회적, 정신적 웰빙의 가능성을 깨닫게 되는 것이다.

따라서, 액티브 에이징은 신체가 허약하거나 장애 혹은 돌봄을 필요로 하는 모든 사람을 대상으로 하여 건강한 기대 수명(healthy life expectancy)의 연장과 삶의 질의 향상을 목표로 한다.

4) 크리에이티브 에이징 (Creative aging)

직업의 은퇴 시점을 시작으로 노인의 생활에서 대두되는 것은 바로 여가 시간이다. 그러므로 노인은 많아진 시간을 어떻게 잘 활용하는가는 그들의 삶에서 아주 중요한 부분으로 부상하게 된다. Mary B. Carlsen은 창의성과 노화 연구를 통해 창의적 표현과 노인의 건강이 직접적 연관이 있다는 연구 결과를 발표하였다.[80]

---

[80] Mary B. Carlsen, *Creative aging: a meaning-making perspective* (NY: W·W·Noton & Company, 1996), 11-3.

창조적 노화의 개념은 생애사적 관점에서 노인이 자신의 생애를 통해 겪은 과거의 좌절과 실패까지도 현재 노인의 삶에 의미가 있다는 관점으로 노년기를 긍정적으로 바라보는 것이다.[81]

미국에서는 2006년 예술적 창작 활동을 영위하는 노년기의 직업예술가 연구가 시작되었다. 이 연구는 노년기 예술가들이 더 높은 예술적 성숙도와 성취도를 보여 준다고 언급하며, 예술가로 활동한 노인이 일반 노인과 비교해 볼 때 노년기 삶의 만족도가 더 높다고 밝혔다.

또한, 미국국가노화연구소(Natioanl Institute on Aging)는 2019년 '예술 참여가 이끄는 건강한 노화' 연구를 시행하였다. 이 연구에 따르면 합창단 활동, 미술 창작, 공연 연습 등의 예술 참여 활동은 노인의 인지 작용, 기억력, 자존감에 긍정적으로 작용하고, 신체적 건강, 삶의 질, 독립적인 일상 활동 증진에 기여하였다. 따라서, 노년기의 건강한 삶을 위해서는 예술 참여와 같이 적은 비용을 지출하면서 지속 가능한 활동이 필요하다고 강조한다.[82]

5) 생산적 노화

한국 사회에서 인구 고령화에 대한 주요 담론은 '고령화 위기론'과 '신노년'이다. 고령화 위기론은 노년 인구의 비생산성을 전제로 과중한 사회적 부담이 초래되는 암울한 미래의 모습을 제시하고 있다. 신노년 담론은 전자와 반대로 노년에 대한 대항적인 성격을 띠는 것으로, 노년의 자발적이고 적극적인 사회 참여의 가능성을 열어 둠으로 고령화 속 노년의 새로운 역할을 강조하고 있다.[83]

---

81 이영인, "크리에이티브 에이징 노인교육 프로그램 개발과 효과성 검증을 위한 통합연구" (박사 학위 논문, 고신대학교 대학원, 2020), 4.
82 조은아, "예술 참여를 통한 크리에이티브 에이징: '잠재적 참여집단'에 대한 실행연구를 중심으로" (석사 학위 논문, 홍익대학교 대학원, 2020), 75.
83 김정석·조현연, "인구고령화 시대, '생산적 노화' 담론에 대한 비판적 검토", 사회과학연구 24/2 (2017): 7-28.

생산적 노화는 활동 이론의 연장 선상에서 노년기 생산성을 유지할 수 있다는 전제를 하고 있다. 즉, 노인의 사회적 역할을 재평가하고 사회적으로 가치 있는 활동에 참여하는 것을 의미한다.[84] 따라서, 생산적 노화는 노인을 사회 구성원으로서 활동할 수 있는 장(場)을 마련하는 것이다.

결국, "바람직한 노년"(age well), 즉 행복한 노년의 삶에 새로운 패러다임을 제공하는 것이다. 즉, 생산적 노화는 기존의 노화 개념들을 포괄하면서 노인이 사회 구성원으로 인정받고 자신의 노후를 생산적 활동과 연계하여 향유한다는 개념으로 사회적 패러다임이 변화하고 있다. 따라서, 생산적인 노인은 사회적 활동을 하면서 정신적인 행복과 삶의 질을 추구한다.

또한, 대인 및 자녀 관계에서 인정과 보상을 통해 조화와 균형을 이루어 노인의 사회적 역할을 충분히 하는 것을 의미한다.

Robert. N. Butler는 생산적 노화를 "우리가 늙어감에도 개인적이고 사회적인 생산성을 발현시키고 촉진할 수 있으며 또 그렇게 해야 한다"는 개념으로 정의하였다.[85] 그는 당시의 지배적인 견해였던 '의존과 사회의 부담'이라는 노인의 비효율성에 대한 편견과 고정 관념을 '연령주의'(ageism)라고 반박하였다. 그는 노인의 생산적인 잠재성과 능력 그리고 노동, 가족, 공동체에 기여를 강조하며 인식의 전환을 꾀하고자 했다.

이처럼 생산적 노화는 노인도 노동 시장에서 재화나 서비스를 생산할 수 있는 유용성 있는 인적 자원으로 받아들이는 것으로 노인들의 경제적 활동에 대한 능력에 그 초점을 두고 있다.[86]

---

84 백정민, "노인의 신체적 여가활동과정에서 나타난 생산적 노화 메커니즘 분석", 한국체육과학회지 27/4 (2018): 25-35.
85 Robert. N. Butler, *Why Survive? Being Old in America*. (Johns Hopkins Universitu Press, 2002), 35; 김정석·조현연, "인구 고령화 시대, '생산적 노화' 담론에 대한 비판적 검토", 19에서 재인용.
86 이영인, "크리에이티브 에이징 노인교육 프로그램 개발과 효과성 검증을 위한 통합연구", 22-23.

4. 기독 노인과 자아통합

1) 자아통합

Erikson은 심리사회적 발달이론에서 전 생애가 기간이 동일하지 않은 8단계로 구성되며, 각 단계는 긍정적 경향성과 부정적 경향성 사이의 역동적 상호 작용 또는 갈등을 가진다고 설명했다.[87]

Erikson의 심리사회적 발달단계는 아래의 <표-3>과 같다.

<표-3> Erikson 심리사회적 발달단계표[88]

단계	연령	A 심리사회적 결과	B 주요 관계의 범위	C 내면의 힘 (미덕)
I 영아기	0-1.5세	기본적 신뢰 vs. 불신	어머니, 양육자	희망 (Hope)
II 유아기	1.5-3세	자율성 vs. 수치심	부모	의지 (Will)
III 학령전기	3-6세	주도성 vs. 죄의식	가족	목적의식 (Purpose)
IV 학령기	6-11세	근면성 vs. 열등감	또래집단, 교사	유능함 (Competence)
V 청소년기	11-18세	정체성 vs. 역할 혼미	또래집단, 외부 집단	신실함 (Fidelity)
VI 청년기	18-40세	친밀성 vs. 고립	친구, 이성친구, 직장 동료	사랑 (Love)
VII 중년기	40-65세	생산성 vs. 침체	직장동료	돌봄 (Care)
VIII 노년기	65세 이후	자아통합 vs. 절망	인류, 자손	지혜 (Wsisdom)

그는 노년기의 발달과제를 자아통합 대 절망감으로 구분했다. 자아통합은 노년기에 자신이 살아온 인생을 받아들여 의미 있게 여기고 앞

---

87 Donald Capps, 『100세 시대를 준비하는 열 번의 성장』, 31.
88 Erik H. Erikson·Joan M. Erikson, 『인생의 아홉단계』, 송제훈 역 (서울: 교양인, 2023), 56.

으로 다가올 죽음을 의연하게 대처하는 태도다.[89]

노인들은 죽음을 직면하면서 자신이 살아온 삶을 회상하게 된다. 이때 노인이 자기 삶을 의미가 있고 만족스러운 것으로 스스로 평가하고, 지금까지의 삶을 후회 없이 받아들이며, 인생의 피할 수 없는 종말로 죽음을 받아들이게 되면 노인은 자아통합감의 정점에 이르게 되는 것이다.[90]

자아통합을 이루는 것은 인간으로서의 성숙을 이루는 것이며, 자아통합을 통해 지혜의 미덕이 발달하게 된다. 자아통합을 이룬 사람은 자신이 달성한 일에는 감사하는 마음을 갖게 되고, 달성하지 못한 일은 수용하는 태도를 보이게 된다. 따라서, 자아통합을 잘 이룬 사람은 자신의 삶을 수용함으로 평안한 마음을 갖게 되는데 이때 느끼는 감정이 바로 자아통합감이다. 이와는 반대로 자아통합을 이루지 못한 사람은 절망감을 느끼게 된다.

지혜는 하나님께서 우주를 창조하실 때 사용하셨던 원리다.[91] 지혜는 인지력, 사고력, 분별력, 통찰력으로 이해될 수 있다. 인간은 인지, 사고, 분별, 통찰을 통해 자신이 처한 상황과 환경에서 합리적인 선택을 할 수 있다. 인간은 삶의 경험을 통해 직·간접적으로 하나님이 계신다는 것을 느낄 수 있다. 이것은 하나님을 믿는 사람과 믿지 않는 사람 모두에게 허락하신 은총이다. 창조주 하나님이 지혜를 창조 원리로 사용하신 것은 결국 지혜는 인간이 창조주 하나님을 찾아가게끔 만들어 놓은 창조의 섭리다.

반대로 자아통합을 이루지 못한 사람은 자신의 삶을 무의미하게 여기고, 과거에 잘못되거나, 이루지 못한 것들에 대해 더이상 돌이킬 기회가 없다는 느낌에 직면하게 되어 절망감에 빠지게 된다. 절망감에 빠진 사람은 과거 생활에 혐오를 느끼고, 인생이 짧다고 느끼며, 죽음

---

89 Erik H. Erikson, 『유년기와 사회』, 송제훈 역 (경기: 연암서가, 2020), 328-30.
90 정옥분, 『발달심리학』, 49.
91 Stanley J. Grenz, 『조직신학』, 171.

에 대해 병적인 공포를 느낀다.

또한, 그들은 과거의 잘못에 집착하기 때문에 다음 세대에게 줄 지혜를 갖지 못한다.[92]

따라서, 노인은 자아통합 수준에 따라 자기 인생에 대한 주관적인 평가와 삶의 해석이 달라진다. 자아통합을 이룬 사람과 절망에 빠진 사람의 행동적 특징은 아래의 <표-4>와 같다.

<표-4> 자아통합감과 절망감의 행동적 표현[93]

자아통합감에 이른 사람의 행동 특징	절망감에 이른 사람의 행동 특징
· 자신의 삶은 자신의 선택 결과라고 믿는다. · 현재의 삶을 자신의 유일한 삶으로 받아들인다. · 죽음을 삶의 일부로 수용한다. · 자신의 과거를 감사하며 되돌아 볼 수 있다. · 일반적으로 행복해 하며 긍정적이다. · 과거의 경험을 현실과 통합시켜서 성공적으로 적응하고 살아갈 수 있다.	· 자신의 삶은 자신의 의지와 무관하다고 믿는다. · 지금 내 삶을 인정하는 데 힘들어 한다. · 죽음에 대한 두려움을 보인다. · 자신의 과거에 대해 원통해 한다. · 일반적으로 불행하다고 느끼며 부정적이다. · 타인에 대해 항상 실망하고 탓하기 때문에 자신이 성장하기 어렵다.
관련된 태도	
· 내가 내 삶의 주인이다. · 나 자신과 남을 받아들일 수 있다.	· 나에게 일어나는 일은 내 소관이 아니다. · 나 자신과 남이 못마땅하다.

Erikson은 '노년의 생성감'(grand-generativity)을 주장하였다. 노인은 자신의 삶에 대해 조망하고, 통합하는 것과 노화에 따른 변화와 상실에 대해 적응을 얼마나 성공적으로 하는지에 따라 삶의 질이 결정된다.[94]

---

92 전산초·최영희, 『노인 간호학』(서울: 수문사, 1985), 154.
93 장선영, "여성 노인의 자아통합감에 영향을 미치는 요인: 대전광역시 서구를 중심으로"(석사 학위 논문, 침례신학대학교 사회복지대학원, 2009), 7.
94 장혜경·오원옥, "재가 노인의 자아통합감에 영향을 미치는 요인", 기본간호학회지 18/4 (2011): 529-537.

생산성(generativity)은 노년기 이전 단계인 중년기에서 자신의 자원과 능력을 사회와 후세를 위해 사용함으로 자신을 긍정적으로 느끼며, 삶의 의미와 가치를 느끼게 되는 것을 말한다.[95]

중년기의 생산성 획득은 자연스럽게 자아통합을 이르게 되는 바탕이 되는데, 인간 수명이 연장되고 교육 연한이 길어짐과 결혼과 출산의 시기가 점차 늦춰짐에 따라 발달 지체 현상이 나타나고 있다. 따라서, 중년기의 발달과업인 생산성이 노년기에도 연장되어 요구되어, 이를 성취하는 노인이 생겨나고 있다.

노년의 생성감은 자신의 능력과 경험을 이용해 모든 연령의 사람에게 공헌하는 것이다. 따라서, 노년의 생성감은 삶에 대한 깊은 회고로부터 얻어진 자아통합의 결과물이다.

장선영은 자아통합감을 주는 요인을 심리적 요인과 사회적 지지 요인으로 분류하였다. 심리적 요인으로는 자아존중감, 삶의 만족도, 죽음준비의 필요성을 지적하였고, 사회적 지지 요인으로는 외부 자극의 완충 지대로 가족과 친구의 지지를 지적하였다.[96] 사회적 지지는 사회적 관계를 통해 획득하는 물질적인 도움, 서비스, 정서적 지지를 포함한다.

또한, 자아통합감에 영향을 주는 요인 연구에 따르면 인구사회학적 요인보다 정서적·심리적 요인의 영향을 더 많이 받는 것으로 나타났다.[97] Erikson은 자아통합감에 관해 설명했을 뿐, 어떠한 요인들이 자아통합감에 영향을 주는지는 구체적으로 기술하지 않았다.

우리나라에서 자아통합감 척도는 1989년 김정순에 의해 연구되었다. 김정순은 노년의 성공적인 적응의 결과인 심리적 안녕 상태를 자아통합감으로 정의하고 심리적 안녕 상태를 가져다주는 요인을 분석

---

95 한정란, 『노인교육론: 노인을 위한, 노인에 관한, 노인에 의한 교육』, 206.
96 장선영, "여성 노인의 자아통합감에 영향을 미치는 요인: 대전광역시 서구를 중심으로", 13-23.
97 김주영, "노인의 행복감과 자아통합감 증진을 위한 통합예술치료 프로그램 적용 연구" (박사 학위 논문, 동덕여자대학교 대학원, 2021), 35.

하는 것에 초점을 두고 연구하였다.[98]

자아통합감 도구는 자아통합감을 주는 하위요인을 6가지로 구분하여 31문항으로 구성되어 있다.[99] 그 요인은 현재 생활에 대한 만족, 지나온 일생에 대한 수용, 지혜로운 삶, 노화에 대한 수용, 죽음에 대한 수용, 생에 대한 태도다.

Erikson의 심리사회적 발달이론은 기독교 교육자들이 인생주기의 다양한 단계에서 생기는 인격적 문제들을 다루는 데 많은 도움을 주었다. 특히, Erikson이 제시한 미덕은 신앙 발달과 영성의 형성 과정을 이해하는 데 중요한 영향을 주었다.[100] 노인은 지혜를 통해 자신의 불완전함을 발견하면서 하나님의 존재에 대해 생각하게 되고, 자신의 인생에서 하나님을 인정하게 된다. 하나님이 창조자이며 인간은 피조물이라는 것을 인정하게 되면서 하나님과 관계의 연합을 이룬다.[101]

구약성경 속에서 지혜는 삶이라는 현실을 직면하여 생존하기 위한 노력에서 비롯된다. 지혜 전승은 인생의 경험과 관찰에서 축적된 지식을 후대에 물려주는 것이 가능하다고 말한다.[102]

궁극적으로 지혜는 하나님과 인간 앞에서 인정받는 명예로운 삶을 사는 비결을 배우는 행위를 뜻한다(잠 3:4). 시가서 및 지혜서에서의 인생은 의의 길과 악의 길로 존재한다. 잠언은 좁은 길을 의의 길로 표현하면서, 그 길을 걷는 자는 지혜롭다고 말한다. 그와 대조적으로 넓은 길을 질주하는 자는 미련한 자(잠 10:8), 악인(잠 10:3, 6, 7), 사악한 자(잠 11:3)라고 부르고 있다.

---

98 김정순, "노인의 사회적 활동과 자아통합감에 관한 연구"(박사 학위 논문, 이화여자대학교 대학원, 1989), 14.
99 배영숙, "노인이 지각한 사회적 지지와 자아통합감에 관한 연구", 성인간호학회지 5/1 (1993): 18-32.
100 Michael J. Anthony, 『기독교 교육학사전』, 한국복음주의 실천신학회 역, (서울: CLC, 2010), 591-92.
101 Stanley J. Grenz, 『조직신학』, 200.
102 Andrew E. Hill·John H. Walton, 『구약개론』, 344-7.

이처럼 성경에서 지혜의 길이란 지식이나 지성이기보다는 행동과 성품에 관한 것이다. 그러므로 지혜는 학문적으로 배우지 않더라도 삶을 살아온 경험에 의해 얻어지기도 한다. 지혜는 노인이 가질 수 있는 긴 인생의 일상생활이 주는 선물이다.

노인은 임박한 자기 죽음 앞에서 신의 존재를 생각하고, 신의 존재를 인정하게 된다. 노인은 하나님과 자기 삶을 통합함으로 자기 삶을 하나님 안에서 아름다운 것으로 평가하게 된다. 노년기의 자아통합은 구원의 과정에서 마무리에 도달하게 한다. 인간의 인생에서 하나님을 제외한 자아통합은 한 개인이 잘 먹고, 잘 살았다는 의미가 있다.

그러나 하나님과의 관계 속에서의 자아통합을 이룬 인생은 영생을 소유하게 되어 인류를 구원하시고자 하신 하나님의 뜻을 이루는 사명 성취의 의미가 있다. 즉, 노년기는 자기 인생의 과거뿐만 아니라 미래 인생까지 예측하면서 자신의 인생을 재검토하는 때다.

야곱은 창세기 32장 12절에서 자신의 삶을 회고하면서 "내가 내 지팡이만 가지고 이 요단을 건넜더니 지금은 두 떼나 이루었나이다"라고 고백하였다. 그는 모든 삶의 여정에 하나님이 함께하신 은총과 진실하심의 결과임을 고백하였다. 야곱은 하나님 안에서 자아통합을 이루고, 자기효능감이 향상되었음을 구약성경은 기록하고 있다.

하나님은 이 세상을 창조하실 때 목적을 가지셨고, 하나의 목표를 염두에 두고 만드셨다. 그것은 자신의 피조물들과 창조주 하나님이 공동체를 세우시는 것이다.[103] 인간은 인생을 살면서 끊임없는 고난과 회복의 상황 속에서 하나님과 연합을 시도하고 결과물을 얻는다.

다윗은 시편 4편 8절에서 "내가 평안히 눕고 자기도 하리니 나를 안전히 살게 하시는 이는 오직 여호와이시니이다"라고 찬양하고 있다. 다윗은 자신이 처한 인생 고난의 상황에서 평안함을 고백하면서 하나님 안에서 자아통합감을 표현하고 있다. 또한, 다윗은 시편 4편 5절에

---

[103] Stanley J. Grenz, 『조직신학』, 199.

서 "의의 제사를 지내고 여호와를 의지할지어다"라고 선포하였다.

노인의 삶에 영적 활동은 공적 활동과 사적 활동으로 이루어진다. 각 활동의 대표적 예는 공적 활동으로서의 예배와 사적 활동으로서의 개인의 경건 시간 및 경건 생활이다. 이 영적 활동들은 성공적 노화를 이루는 데 중요한 활동으로 여겨진다.[104]

다윗은 하나님에 대한 마음과 영적 감각 그리고 신학적 분별력이 뛰어난 인물이었다.[105] 그러나 다윗은 인생을 살면서 여러 차례 하나님의 법규를 어기며 심각한 잘못을 가진 인물이다. 그 결과로 백성이 생명의 대가를 치르기도 하고(삼상 21장), 왕으로서의 장래를 손상시켜(삼상 25장), 무고한 시민들을 살육 당하도록 만들었다(삼상 27장).

그러나 다윗은 하나님께 충성되었으며, 죄를 지었을 때 즉각 그 사실을 인정하고 회개하였다. 한 나라의 왕이었지만 그의 인생에 언제나 좋은 날만 존재한 것이 아니었다. 다윗은 성공과 실패가 존재하는 삶을 살았지만, 신앙인으로서 하나님과의 관계 안에서 실패 또한 의미 있는 삶으로 해석되는 온전한 자아통합을 이룰 수 있었다.

하나님께서 우리를 위해 예비하신 운명은 죽음을 넘어선 새창조다.[106] 온전한 자아통합을 이루지 못하는 원인과 근거에 대해 성경은 인간의 죄를 원인으로 삼고 있다. 죄의 문제를 해결하지 않는다면 개인의 자아통합은 이루어질 수 없다. 그러므로 인간은 예수 그리스도의 도움으로 구속을 통해 하나님 앞에서 죄의 문제를 해결하고, 하나님과의 관계 안에서 온전한 자아통합을 이루어야 한다.

노인의 인생 마무리 단계에서 하나님과 관계 안에서의 자아통합은 필수적인 활동이다. 하나님은 인간이 오랜 시간 삶을 살면서 하나님을 아는 지혜를 갖기 원하신다. 인간에게 죽음은 삶의 종결로 주변의 모

---

104 오인근, "기독노인의 영적안녕감이 성공적 노화에 미치는 영향", 「복음과 실천 59」 (2017): 381-409.
105 Andrew E. Hill·John H. Walton, 『구약개론』, 239.
106 Stanley J. Grenz, 『조직신학』, 253.

든 사람을 슬프게 한다. 때때로 죽음은 원통한 죽음으로 여겨지는 일이 되기도 한다.

그러나 인간의 죽음은 탄생 못지않게 아름답게 받아 드려져야 하는 삶의 과정이다. 인간이 태어나서 사망에 이르는 모든 과정은 창조의 과정 안에 있다. 그러므로 죄의 결과인 죽음이라 할지라도 하나님의 사랑으로부터 우리를 끊어 놓을 수 없다(롬 8:35-39).

2) 기독 노인의 자아통합

본 연구에서 노인은 60세 이상의 노인으로 자신의 임종이 가까워짐을 직면하며 숙명적으로 자기 죽음을 고찰하는 시기이다. 노인의 자아통합 성취는 자아통합감을 갖게 한다. 반면, 자아통합을 이루지 못한 노인은 발달위기로 절망감을 느끼게 된다. 자아통합은 인간 생명의 유한성에 대한 수용으로부터 출발한다.[107]

자아통합은 생애주기의 경험에 대해 인생을 회고하면서 '나는 만족스럽다', '잘 살았다'라고 하는 자기 평가에서 생긴다. 즉, 자아통합감은 인생을 마무리하는 단계에서 지금까지 살아온 인생을 있는 그대로 수용하여, 다가올 자기 죽음을 의연하게 기다리는 자세다.

또한, 현재 처한 노년에 대해 편안하게 느끼고 수용하는 태도, 자신의 운명에 대한 사랑과 부모에 대한 감사 그리고 모든 삶의 역경과 어려움에도 불구하고 삶의 존엄성과 가치를 믿고 확신하게 되는 태도를 의미한다.

반면, 자아통합의 결여나 상실은 절망감으로 나타난다. 그 절망감은 죽음에 대한 두려움, 되돌릴 수 없는 실패와 희망했던 것에 대한 끊임없는 미련으로 나타난다. 자기 삶에 대해 이해하거나 자신의 과거와 화해하지 못하고 원망과 미움으로 가득 차게 된다.

---

107 한정란, 『노인교육론: 노인을 위한, 노인에 관한, 노인에 의한 교육』, 207.

과거의 사건들을 수용하지 못한 사람은 과거의 자아와 화해하지 못하며, 자기 삶에 대해 수용하지 못하는 마음을 갖게 된다. 수용되지 못한 과거와 현재의 자아는 미래의 자신에게도 미움을 파생시켜 결국 자신을 불행하고, 불운한 노인으로 스스로 평가하게 된다.

노인이 되어 자신의 무능력함을 크게 느끼며 자신의 인생에 대해 무가치와 무의미함으로 평가하기도 한다. 또한, 노인은 후기로 갈수록 신체적 노화의 영향을 많이 받게 되어 이전에 자아통합을 잘 성취한 사람일지라도 자아통합의 균형을 상실하기도 한다. 자아통합을 이루지 못해 절망감에 빠진 노인은 사는 것 자체가 죽지 못해 사는 괴로운 날들의 연속이 되는 것이다. 따라서, 노인이 느끼는 절망감으로 인하여 후대에 지혜를 전달하는 기회조차 얻지 못하게 된다.[108]

Michael Fink에 의하면 우리는 성경을 가르침으로 과거와 미래 세대들을 연결하고, 하나님과 멸망 받을 인류를 연결하며, 인간의 영적 유산과 앞날의 희망을 연결해 주고, 인간이 하나님의 진리를 경험한 것과 인간 자신의 경험들을 연결해 주게 된다고 하였다.[109]

따라서, 기독 노인의 자아통합은 하나님과 인간을 연결하고, 전(前)세대와 후(後)세대를 연결하여 믿음이 세대 간 전수가 이루어지게 해 주는 의미가 있다. 그래서 기독 노인이 자아통합을 이룰 수 있는 교회교육 프로그램을 개발하려 한다.

---

108   전산초·최영희, 『노인 간호학』, 154.
109   Michael Fink·Ross West, *Teaching Adults the Bible* (Nashville: Convention Press, 1991), 15-7.

5. 노인교육 프로그램 사례

1) 나라별 노인교육 프로그램

(1) 독일의 노인교육 프로그램

독일은 1932년 고령화 사회, 1972년 고령사회에 이르렀고, 2009년 초고령 사회에 진입하였다. 2010년에는 65세 이상 고령자 비율이 20.8%에 이르렀다. 독일은 통일 이후 고령화 속도가 주춤하였으나 경제 안정과 지속적인 저출산으로 고령화가 가속화되었다.[110]

독일의 노인교육은 오락과 보살핌에 초점이 맞추어져 있었으나, 1980년대에 들어서 노년기의 교육 요구와 성과 요구가 반영된 다양한 프로그램들이 개발되었다. 독일의 노인교육은 교양 교육, 역량 개발 교육, 생산성 발전을 위한 인적 자원 개발교육이라는 세 가지 측면에서 이루어졌다. 독일은 노인의 잠재적 노동력을 사용하기 위하여 역량 개발에 초점을 맞춘 교육이다.

독일은 국립대학이 대부분이므로 노인의 평생학습권이 잘 보장된 편이다. 노인대학의 프로그램은 청강 프로그램, 노인학습자의 관심과 요구에 맞춘 과정 개설, 은퇴 후 자원봉사와 재취업을 위한 학업 강좌 및 자격증 과정, 인문 교양과목이 개설되어 있다. 이 과정을 이수한 학습자에게는 증명서를 수여하고 사회활동에 활용이 되도록 하고 있다.

시민대학(Volkshochschule)은 1970년 모든 시민에게 평생교육을 보장하기 위해 국가 주도로 설립되었다. 14세 이상 독일 내 거주자는 누구나 수강 대상이며, 6주 정도 단기 강좌가 많으며, 자격증 코스들도 많이 개설되어 있다. 2001년 참여자 중 80% 이상이 여성 고령자이며, 참여한 프로그램으로는 어학, 직업, 건강, 정치 사회 프로그램 순이었다. 노인클럽은 뮌헨 지방을 중심으로 시민대학에서 만들어져 '판타지와

---

[110] 한정란, 『노인교육론: 노인을 위한, 노인에 관한, 노인에 의한 교육』, 101-2.

창의성'을 중심으로 교육을 시행하였다. 노인클럽은 다양한 문화예술 활동을 통해 의사소통의 기회를 제공하였다.

노인은 자신의 실존을 느끼는 체험을 하고, 창의적 예술 활동을 통해 치료 효과도 함께 얻을 수 있었다. 독일의 노인교육은 고령 노인이 건강을 지키고 자율적 활동이 가능하게 함으로써 고령 노인 증가로 인한 국가의 경제적 부담을 예방하는 데 중점을 두는 것이다.[111]

(2) 미국의 노인교육 프로그램

미국은 1942년 고령화 사회, 2014년에 고령사회로 진입하였다. 미국은 유럽의 선진국에 비해 고령화 속도가 늦은 편이어서 교육과 복지를 결합한 교육복지체제를 이행할 수 있었다.[112] 미국의 노인교육 기관은 매우 다양하다. 그 종류는 시니어센터, 엘더호스텔, 은퇴 후 학습센터, 오아시스 프로그램 등이 있다.

시니어센터(Senior Center)는 1940년대 초반부터 시작되어 사회복지 서비스의 하나로 시작되었다. 시니어센터는 노인들에게 영양, 건강, 고용, 교통, 창작 예술, 레크리에이션, 자원봉사 참여, 각종 복지서비스와 교육까지 포함한 종합적인 서비스를 제공한다.

미국의 노인교육은 시니어센터를 중심으로 소외계층을 위한 관심에서 출발하여, 점차 대학 또는 관련 단체들을 중심으로 노후의 은퇴 적응을 위한 문제와 역할 변화에 초점을 두는 교육으로 발전하였다.

시니어센터는 우리나라의 노인복지관과 유사한, 지역 사회 노인의 일상생활을 지원하는 기관이다. 시니어센터의 기능은 건강·의료 서비스, 사회적 서비스, 여가, 교육, 가정방문 서비스, 정보 서비스 등을 제공하는 일종의 다목적 노인센터다.[113]

---

111 한정란, 『노인교육론: 노인을 위한, 노인에 관한, 노인에 의한 교육』, 104-5.
112 송선희 외 7명, 『새로 쓴 노인교육론』, 207.
113 한정란, 『노인교육론: 노인을 위한, 노인에 관한, 노인에 의한 교육』, 107.

엘더호스텔(Elderhostel)은 여행과 발견, 학습을 결합한 프로그램으로 1975년 뉴햄프셔(New Hampshire)의 5개 대학에서 시작되었다. 엘더호스텔은 2010년 명칭을 '로드스콜라'(Roadscholar)로 바꾸어 미국의 전 주(Sate)와 세계 150개국에서 진행되는 프로그램으로 발전하였다. 교육 내용은 교양, 문화, 건강, 봉사 등 다양하며 세부 프로그램은 지역마다 특색 있게 진행된다. 엘더호스텔의 프로그램은 야외 활동, 탐험, 개인 취미, 세대 간 프로그램, 교양, 봉사 학습, 여성, 해상 모험 프로그램으로 총 8개 분야로 나뉜다.[114]

은퇴 후 학습센터(Lifelong Learning Insstitues: LLIs)는 1962년에 출발한 비학점 제로 운영되는 또래 학습 공동체이다. 회원들이 교육 주제를 제안하고 주제에 동의한 회원들이 모여 강좌를 구성한다. 강사는 회원들이 가르치고 배우는 역할을 공유하는 형태다. 교육 내용은 인문학, 예술, 언어 등 다양하다.

오아시스(Older Adult Service and Information Sustems: OASIS) 프로그램은 1982년에 노인청이 지원하여 메이(May) 백화점에서 2년간 시범사업으로 운영되었다. 50세 이후의 성인의 적극적인 삶을 돕기 위해 운영되었다. 협력기관은 지역의 건강 관련 기관, 시니어센터, 도서관, 대학, 지역 사회 조직 등 700여 개 기관이 있다. 프로그램 참여자는 연 5만 9,000명 이상이며 교육 내용은 평생교육, 건강과 웰빙, 세대 간 프로그램, 정보화 교육 등 다양한 내용으로 이루어진다.

이처럼 미국의 노인교육은 사회복지적 차원의 접근만이 아닌 교육적 차원에서 노인들의 존재와 가치를 고양하는 의미 있는 노력을 기울여 왔다.[115]

---

114 엘더호스텔, https://www.roadscholar.org/ 2023년 7월 23일 홈페이지 접속.
115 한정란, 『노인교육론: 노인을 위한, 노인에 관한, 노인에 의한 교육』, 114.

(3) 일본의 노인교육 프로그램

일본은 1970년 고령화 사회에 진입한 후 고령화가 가속화되어 1994년에 고령사회, 2005년에 초고령 사회에 도달하였다.[116] 일본 사회는 1995년 급속한 고령화에 대응하기 위하여 '고령사회대책회의'를 구성하고, 1996년부터 5년마다 '고령사회대책대강령'을 발표하고 있다.

일본은 평균 수명의 연장과 노인 인구 증가 등의 시대적 요청에 따라 1955년부터 지자체와 공민관 등에서 노인대학과 고령자 교실 등의 명칭으로 노인학습 기회를 제공하기 시작했다. 교육 내용은 취미, 교양 등 여가 소비형 강좌를 개설하여 운영하고 있다.

노인클럽은 노인의 지식과 경험을 살리고 노후 생활의 질 향상을 위한 다양한 사회 활동을 하도록 돕는 데 목적을 두고 형성되었다. 주요 활동은 운동 강좌와 자원봉사 활동이다. 운동 강좌는 게이트볼을 비롯한 운동 과목과 레크리에이션이며, 자원봉사 활동은 환경미화, 독거노인, 와상 노인을 방문하여 말벗하기, 개호 활동, 일상생활 원조 활동을 펼치기도 한다. 1989년 일본은 공민관과 노인클럽에서 획일적으로 진행되던 교육을 반성하고 다양한 노인층의 학습 욕구를 충족시키기 위해 장수학원을 개설하였다. 장수학원은 2년 이상 학습하고 30학점 이상 취득하면 수료증서를 수여하고 지역 사회의 리더로 활동할 수 있도록 하고 있다.

마지막으로 일본 엘더호스텔은 미국의 엘더호스텔의 협력기구로 아시아에서 처음 시작되었다. 교육 내용은 교양 강좌를 통한 교양 향상과 여행을 통한 견문 넓히기로 평생교육의 기회를 제공하는 것이다. 운영 목적은 활동을 통해 노인들이 삶의 보람을 느끼고 국제 이해를 증진하는 것이다.

일본의 노인교육은 정부가 주체가 되어 보급 기반을 정비하였기 때문에 빠르게 조직적으로 보급되었다. 또한, 고령사회 대책 중 학습·사

---

116 송선희, 『새로 쓴 노인교육론』, 223.

회 참가 시스템으로 분류되어 복지를 넘어 평생학습 차원에서 접근하여 운영되고 있다.[117]

(4) 대한민국의 노인교육 프로그램

우리나라는 1970년에 부산 범일동에 '한얼노인대학'이 설립되었고, 1972년 종로 태화관에 있는 서울평생교육원이 노후 생활 강좌를 개설하였다.[118] 1974년에는 인왕노인학교가 설립된 이후 전국적으로 많은 노인교육 시설이 확산되었다.[119] 1981년 노인복지법 제정으로 노인복지관, 노인교실, 경로당은 '노인여가복지시설'로 지정되어 정부의 관리 및 지원을 받게 되었다. 1987년 정부의 조직 개편으로 문교부 사회교육국에서 보건사회부 가정복지국으로 이전되었다. 지금은 주무부처에 대한 공식 근거 규정 없이 시설의 편의성에 따라 보건복지부에서 포괄적인 노인 생활 지원의 하나로 노인 평생교육 사업의 대부분을 주관하고 있다.

우리나라의 노인교육 기관은 노인학교, 노인대학, 경로대학 등으로 명칭이 다양하다. 이들은 평생교육으로서 노인들을 보호·육성해야 한다는 「평생교육법」과 노인 복지적 차원에서의 노인교육 시설로 분류하는 「노인복지법」에 근거하고 있다.[120] 노인교육 기관의 운영은 교육 프로그램 및 교재, 강사, 경비 조달 등이 자체적으로 이루어지고 있다. 대부분 대한노인회에 소속되어 정식 등록된 노인교실은 운영비를 지원받고 있다.

교육 내용은 일반 교육 강좌가 많이 실시되고 있으나 단순 오락 여가 지향의 성격이 강하다.[121] 노인복지관에서는 교양문화, 전통문화, 건강문화, 동아리프로그램 등을 계획하여 실시하고 있다. 교양문화 프

---

117 한정란, 『노인교육론: 노인을 위한, 노인에 관한, 노인에 의한 교육』, 120-2.
118 송선희 외 7명, 『새로 쓴 노인교육론』, 107-8.
119 한정란, 『노인교육론: 노인을 위한, 노인에 관한, 노인에 의한 교육』, 126.
120 송선희 외 7명, 『새로 쓴 노인교육론』, 227.
121 송선희 외 7명, 『새로 쓴 노인교육론』, 111.

로그램은 교양 강의, 영화 상영, 한글, 서예, 영어, 종이공예 등 다양한 강좌를 운영한다. 전통문화 프로그램은 장구, 민요, 한국무용, 건강문화는 건강체조, 건강체육, 댄스스포츠, 실버 교양 댄스 등의 강좌를 개설하여 운영한다.[122]

노인복지관에서의 강좌는 다양성과 선택권을 노인에게 주어 스스로 강좌를 선택하여 참여도를 높이는 방식을 채택하고 있다. 또한, 저렴한 가격에 양질의 점심식사를 할 수 있도록 식당을 운영함으로써 노인들이 복지관에 방문하여 여가를 즐기고 점심을 해결하고 귀가할 수 있도록 운영하고 있다.

2) 교회에서의 노인교육 프로그램

교회는 1990년 중반에 들어서면서 고령화에 대한 사회 문제의식과 더불어 증가하는 노인층에 대한 효과적 선교 프로그램 및 목회의 영역으로서의 노인층을 대상으로 한 프로그램을 도입하기 시작하였다.[123] 교회는 1990년대의 사회경제적 상황과 맞물려 노인을 위한 무료 급식을 우선적으로 시작하였고, 노인을 위한 프로그램은 교회의 특수성을 가지고 구제와 선교의 목적을 충족시키며 점차 발전하였다.

종교 시설들의 노인교육은 선교의 목적과 잘 부합되며, 시설, 인력, 재정, 조직 면에서 노인교육에 필요한 자원을 확보하고 있어 매우 유리한 입장이다.[124] 교회의 재정 지원은 노인들이 경제적 부담 없이 교육받을 수 있게 한다. 대부분 종교 시설의 노인대학들은 소속 교회에서 지원받으며, 교인들의 헌금을 통하여 재정을 충족하므로 비교적 풍족한 환경에서 교육이 이루어진다.

---

122 강은주, "충남 소도시 노인의 평생교육에 대한 요구 분석" (석사 학위 논문 공주교육대학교 교육대학원, 2016), 25-8.
123 김은혜, "한국 교회의 노인교육 과제와 전망", 171-91.
124 한정란, 『노인교육론: 노인을 위한, 노인에 관한, 노인에 의한 교육』, 152.

또한, 교회는 노인들의 삶에 있어 심리적·사회적 기능을 수행한다.[125] 심리적으로는 죽음을 맞이할 준비를 돕고, 생의 의미를 발견하고 유지하는 역할을 한다. 사회적 기능으로는 노인에게 직장과 가족 관계 이외의 또 다른 소속 집단으로의 역할을 한다.

(1) 교회 노인교육 프로그램 운영 현황

교회 내에서 고령 노인 인구가 증가함에 따라 효과적인 노인 교구 운영과 이에 따른 교육의 필요성이 대두되었다. 이에 교회는 교육적 사명을 가지고 변화하는 사회 구조에 탄력 있게 반응하며 노인을 위한 교육을 시행하는 교회들이 꾸준히 증가하고 있다.

우리나라에서 교회 노인대학이 처음 설립된 것은 1972년 감리교회 사회복지재단인 태화사회복지관에서 개설하여 서울평생교육원에서 진행된 "노인생활강좌"라는 것이 다수의 견해다.[126]

1990년대 이후 노인대학, 경로대학, 노인학교 등의 명칭으로 개교회별로 교회 노인교육이 시도되었다. 이후 교회의 노인대학은 꾸준히 성장하여 2008년 10월 기준 대한예수교장로회 한국교회노인학교연합회 소속 노인대학은 약 561곳에 달하고 이 외에도 기독교대한감리회와 여러 교파에서 교회 시설을 중심으로 노인대학의 범위를 넓혀가고 있다.[127]

그러나 연합회 소속 교회 노인대학 외에도 다양한 교단의 교회에서 노인학교들이 운영됨에 따라, 정확한 수를 파악하기 어려운 상황이며 교육 내용이나 방식 등도 천차만별이다. 또한, 종교 시설에서 운영하는 노인교육기관에 대해서는 특별한 허가나 등록 절차가 없어 그 수를 파악하기가 어려운 실정이다.

---

125 송선희 외 7명, 『새로 쓴 노인교육론』, 121.
126 서문진희, "교회노인대학 참여의 효과성에 관한 연구–대전대흥침례교회 에녹대학을 중심으로"(석사 학위 논문, 침례신학대학교 사회복지대학원, 2004), 13-4.
127 한정란, 『노인교육론: 노인을 위한, 노인에 관한, 노인에 의한 교육』, 154.

서울 정릉교회에서 시작한 경로대학은 한국 교회 내에 가장 처음 세워진 것으로, 1975년 설립되었다. 이후 1977년 영락교회에 영락경로대학이 설립되었다. 기독교한국침례회 소속 대전대흥침례교회 에녹대학은 1983년에 조직되어 만 65세 이상의 대흥교회 성도들을 회원으로 매주 목요일 예배와 점심 식사를 통한 교제의 시간을 갖는 노인대학이다.[128]

대전제일교회에서 실시하고 있는 대전제일경로대학은 1990년 개교하여 1년제로 시작하였으나, 1991년에는 2년제로 변경되었다. 1993년에는 3년제로 변경되었으며 1994년에는 대학원이 신설되었다. 입학 자격은 만 65세 이상으로, 수강료는 무료로 하며, 동문회가 있어서 본교를 졸업한 자는 자동으로 가입되며, 동문회원은 청강할 수 있는 특징을 가지고 있다.[129]

이렇듯 한국 교회의 노인대학이 1990년대 들어 활성화된 이유는 교회의 성장 둔화에 대한 대안과 선교 차원에서 지역 사회를 위한 봉사 활동이 강조된 것에 있다. 이런 변화 속에서 노인대학은 교회의 전도 전략으로 좋은 영향력을 갖추었다.

지역 사회가 필요로 하는 문화센터적인 교회로 성장한 사례와 전도 대상자들에게 거부감 없이 구도자들이 스스로 교회에 유입되게 하는 효과를 가져다 주었다. 이에 이판석은 21세기 현대 목회에 노인대학은 교회의 필수적인 전도전략이라고 하였다.[130]

(2) 교회 노인교육 프로그램의 내용분석

교회 노인교육은 노인 교구를 운영하면서 경로잔치, 위로회, 효도 관광 여행 등의 노인 맞춤 연중행사를 시행하고 있다. 또한, 노인대학

---

[128] 서문진희, "교회노인대학 참여의 효과성에 관한 연구-대전대흥침례교회 에녹대학을 중심으로", 14-20.
[129] 고경옥, "한국침례교 노인대학을 위한 효과적인 프로그램", 18-21.
[130] 이판석·이외승, "교회 노인대학 운영사례 연구", 사회복지 경영연구 9/1 (2022): 179-202.

에서는 여가 활용을 위한 교육을 제공하고 있다. 교회에서 자유롭게 구성된 교육 프로그램의 내용은 교양, 종교, 사회 활동, 신체 건강 영역으로 구분된다. 교회에서는 일반적으로 예배, 성경 공부, 취미, 여가 선용 활동 등을 포함한다. 특별활동으로 양로원 방문, 수학여행, 야외수업, 효도 관광, 경로잔치 등을 하기도 한다.[131]

교회에서 실시하는 노인교육 프로그램은 예배와 무료 급식을 제외하면, 주로 레크리에이션을 활용한 교양 강좌와 건강 관련 프로그램이다.[132] 건강 관련 프로그램은 노인학습자의 호응을 얻으며 건강 의료, 진료, 상담 등이 진행되고 있지만, 강사 섭외 사정에 따라 지속하지 못하고 월별, 일회성으로 실시되고 있다.

이 외에 여러 가지 프로그램과 강좌가 실시되고 있지만 교회가 복지관을 운영하는 경우가 아니라면 일반적으로 강사 수급이 원활하지 않아 다양한 강좌를 운영할 수 없는 것이 현실이다.

교회 노인대학은 일주일에 한 번 운영하면서 하루에 모든 프로그램을 실시 하는 것이 대부분이다. 반면, 노인복지관은 매일 운영하면서 다양한 프로그램을 개설하여 노인이 자발적으로 교육 내용을 선택하게 하고, 지속적인 참여를 유도한다.

또한, 교회 노인대학은 과목편성에 있어서 노인복지관과 유사성을 가지고 있어서 노인학습자에게 재참여를 유도하기가 어려운 상황이다. 따라서, 노인복지관과 교회 노인교육 내용을 비교해 보았을 때 교회 노인대학 노인이 교회에 머무는 시간이 매우 짧고, 교육 내용에 대해 선택의 폭이 좁다.

또한, 교회가 운영하는 노인대학은 전도와 선교 목표에 강조점을 두어 교육의 내용과 운영을 결정하는 경향이 있어 학습을 기대했던 학습자로 하여금 교육적 효과를 달성하기 어려운 점이 있다. 즉, 선행된 교

---

131 송선희 외, 『새로 쓴 노인교육론』, 120.
132 김은혜, "한국 교회의 노인교육 과제와 전망", 171-91.

회 노인교육은 취지는 좋았지만, 노인복지관과 비교했을 때 양적·질적으로 역부족이며 교육 내용에 있어 차별성이 없는 경향이 있다.

또한, 노인대학이 교회마다 운영되므로 재정 지원의 어려움을 겪는 교회도 있어 교육의 질이 낮아지고, 장기 운영이 어려운 점으로 나타났다. 노인대학을 운영하는 인적 자원에서 노인교육에 대한 전문지식이 없는 교역자나 교회 성도들로 구성하여 운영되는 교회도 있다.[133] 따라서, 교회 노인교육 프로그램은 노인복지관의 프로그램과 달리, 교회만이 할 수 있는 차별성과 전문성이 요구된다.

교회 중심 노인대학의 활성화 발전 방향에 관한 연구에서 응답자들은 교회 노인대학의 발전 방향으로 영혼 구원, 신앙 안에서 자기 계발, 건강한 노후 생활 순으로 답하며 현재 노인대학의 개선점으로 프로그램 개발이라고 답하였다.[134]

교회 노인대학 지도자들은 노인교육 운영의 핵심 가치가 복음 전파라고 응답였으나 학생들은 고독감 해소와 새로운 지식을 얻기 위해서라고 응답하였다.

즉, 노인교육 프로그램 개발을 하기 위해서는 학습자인 노인을 위한 주제와 목적이 요구된다. 따라서, 교회 노인교육은 노인들의 결핍과 욕구를 파악하여 그들의 필요를 채워주고자 하는 노력이 필요한 것이다. 노인의 가장 현실적인 문제인 고독과 소외감의 해소와 심리적 안정을 통한 행복감을 느끼는 생활을 할 수 있도록 돕는 내용을 담아야 한다.

살펴본 바와 같이 선행된 교회 노인교육은 성경적 노인의 전인적 발달 및 노인 신앙생활에 도움이 되는 주제와 교육 활동이 미비한 측면이 있다. 또한, 노인학습자들은 생활면에서 부각되는 여가 생활을 잘 활용하고 싶은 욕구를 지니고 있다. 그러므로 노인교육 프로그램을 개

---

[133] 이관석·이외승, "교회 노인대학 운영사례 연구", 179-202.
[134] 공동영·이신숙, "교회중심 노인대학의 활성화와 발전방향에 관한 연구", 지역발전연구 14/1 (2016) : 1-34.

발하기 위해 노인의 생애 발달적 이해와 성경의 내용을 연구하여 노인이 전인적으로 발달할 수 있도록 이론적 내용과 노년기 여가 생활을 장려할 수 있는 내용을 포함한 노인교육 활동 프로그램을 제안하고자 한다.

제3부

기독교 노인교육 프로그램 실제

1. 기독교 노인교육 프로그램 개발

본 프로그램은 후기 노인을 대상으로 하여 그들의 자아통합을 돕는 교회 교육 프로그램으로 개발되었다. 프로그램 개발 절차는 ADDIE의 모형으로 이루어졌으며, 교수설계 과정은 분석(Analysis), 설계(Design), 개발(Development), 실행(Implementation), 평가(Evaluation)의 절차로 진행한다.[1]

본 연구는 프로그램 개발에 목적이 있으므로 ADDIE 모형 5단계 중 분석, 설계, 개발의 3단계를 적용하여 설계하고, 전문가에게 평가를 의뢰하는 것으로 한다.

평가 전문가는 기독교 교육 전문가 1인, 교육공학 전문가 1인, 노인 목회 목회자 1인으로 구성하여 프로그램 평가를 받아 수정·보완하는 것으로 한다. ADDIE 교수설계 개발 모형은 <그림-1>과 같다.

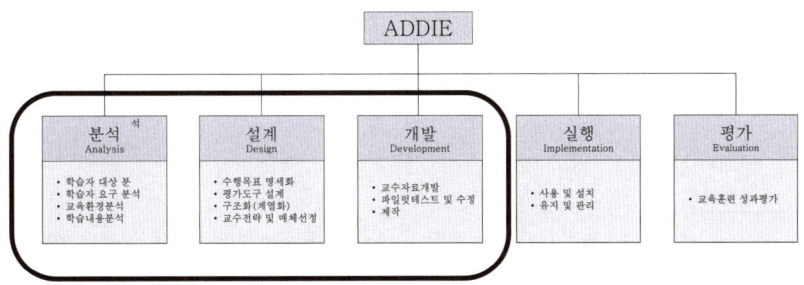

---

[1] 박은숙 외, 『교육 방법 및 교육공학』, 75.

<그림-1> ADDIE 교수설계 개발 모형[2]

분석(Analysis)은 프로그램을 실행하기 위해 학습과 관련된 요인들을 분석하는 단계다. 학습자 대상분석은 학습자의 생애사와 학습 특성을 파악하고, 학습자의 요구를 분석한다. 교육 환경 분석은 학습 공간의 물리적 환경과 교육 실제에 사용할 수 있는 물적 자원을 분석한다. 학습 내용분석은 자아통합 관련 자료 및 선행 프로그램 분석한다.

설계(Design)는 분석 과정에서 나온 결과를 토대로 교육 제반 사항에 대해 설계하는 것으로, 교육 목적과 목표를 도출하고 교수 전략 및 교수 매체를 선정하고 평가도구를 개발한다. 이 단계에서는 수행목표를 행동적인 용어로 명확하게 기록한 설계명세서를 제작한다.[3] 프로그램 개발자는 교육 내용을 계열화하며 어떻게 가르칠 것인지 교수 전략을 수립하고, 학습 활동을 촉진할 수 있는 교수 매체를 선정한다.

학습 평가는 매 차시 마무리 단계에서 구술로 형성평가를 실시하고, 프로그램 완료 후 자아통합감과 프로그램 만족도 평가 설문을 실시한다.

개발(Development)은 프로그램 학습을 위한 교수 자료를 실제로 개발하고 제작한다. 개발 과정은 교수 자료의 초안(draft)을 개발하여 전문가에게 평가를 의뢰하여 타당도와 신뢰도, 유용성 평가를 받는 것으로 한다.

프로그램 평가는 기독교 교육 전문가와 교육공학 전문가, 노인 목회 목회자에게 의뢰한다. 개발된 프로그램이 교육 목적을 충족해 줄 수 있는가에 관해 타당성과 유용성을 평가 받아 수정·보완하는 것으로 한다.[4]

---

2 정미경 외 3인, 『효과적인 수업을 위한 교육 방법 및 교육공학』(경기: 공동체, 2020), 101.
3 한정선 외, 『21세기 교사를 위한 교육 방법 및 교육공학』(서울: 교육과학사, 2014), 173.
4 박은숙 외, 『교육 방법 및 교육공학』, 77.

총괄평가 후에 개발된 프로그램을 수정하여 실제로 수업에 사용될 교수 자료인 학습지도안을 개발하고 제작한다.[5]

프로그램 개발의 구체적인 절차는 아래의 <표-5>와 같다.

<표-5> ADDIE 모형에 따른 프로그램 개발 단계 및 방법

설계단계	프로그램 개발 방법
분석 (Analysis)	· 학습자 대상 분석: 80세 이상 후기 노인의 생애 발달적 특성 및 신체, 인지, 정의, 사회적 특성 분석 · 학습자 요구 분석: 학습자가 필요로 하는 것과 바람직한 상태와 현재 상태 분석 · 환경 분석: 교회 내 프로그램 진행 환경 분석 · 학습 내용 분석: 자아통합 관련 자료 및 선행 프로그램 분석
설계 (Design)	· 수행목표 명세화: 자아통합 프로그램 목적과 목표 진술 · 평가도구 설계: 형성평가와 총괄평가 설정 · 구조화: 프로그램 회기별 내용 선정 및 구조화 조직 결정 · 교수 전략 및 매체 선정: 프로그램 교수 학습 방법 개발
개발 (Development)	· 교수 자료 개발: 자아통합 프로그램 학습지도안 작성 · 전문가 타당성 검증: 전문가 평가단 3인에게 의뢰 · 최종 프로그램 확정 및 제작: 전문가 평가에 따른 수정·보완하여 제작

1) 분석

(1) 학습자 대상 분석

현재의 80세 이상의 후기 노인은 1930~40년대에 출생한 사람으로 1910년~1945년 일제강점기 기간에 태어나 1950년의 6.25 한국전쟁을 경험한 세대다. 후기 노인의 생애사 특징은 일제강점기에 정신대 징집을 면하기 위해 조혼 풍속이 일반화되었다는 것과 일제강점기와 한국전쟁으로 인해 극심한 굶주림에 시달린 것이다.[6]

---

5 한정선 외, 『21세기 교사를 위한 교육 방법 및 교육공학』, 173.
6 양영자, "후기노인들의 역사경험에 대한 생애사 연구", 한국사회복지학 61/3 (2009): 255-81.

1960~1970년대는 국가 경제 발전과 소득향상을 위해 노력한 시기이다. 1940년대 학교에서는 일제강점기 정책으로 인해 국어와 한국사를 배울 수 없었고, 광복 이후에 처음으로 학교에서 한글과 우리 역사를 배울 수 있었다. 또한, 남아선호사상으로 인하여 여성 대부분은 교육의 대상에서 배제되었고, 가정 경제가 열악한 관계로 교육의 수혜는 장자나 아들에게 집중되는 경향이 있었다.

후기 노인은 학습 집중 시간이 짧고, 체력적으로 피로감을 빨리 느끼므로 한 주제를 가지고 여러 가지 활동을 전환하며 교육하는 것이 효과적이다. 후기 노인은 감각 기능 저하를 고려하여 오감을 자극하는 활동이 유익하다.

또한, 노인학습자는 새로운 것을 배우는 일에 흥미를 느끼고 있지만, 배움 활동에 실패할 것을 두려워하는 경향이 있다.[7] 후기 노인은 정해진 일과 내의 일의 범위는 줄어들고 여가가 늘어난다. 노인에게 여가 활동은 외로움, 소외감 등의 정서적 문제를 극복하는 데 도움이 되며 그 외의 다양한 욕구를 채워줄 수 있다는 점에서 매우 중요하다.[8]

따라서, 노인학습자에게 기능성, 창의성과 존재론적 관점을 개발할 수 있는 문화예술교육이 효과적이다. 문화예술교육은 기술을 습득하여 기능을 향상하고, 다양한 표현을 통해 창의성을 계발하며, 노인의 발달 과정에서 존재론적 관점을 갖게 한다.[9]

(2) **학습자 요구 분석**

강은주는 2016년 노인을 대상으로 평생교육에 대한 노인의 참여 실태와 만족도 및 새로운 교육적 요구가 무엇인지 분석하여 제안하기 위해 충남 소도시 노인의 평생교육에 대한 요구 분석을 연구하였다.[10] 그

---

7   송선희 외 7명, 『새로 쓴 노인교육론』, 24.
8   이석철, "기독교 성인교육 주제로서의 일과 여가", 「복음과 실천 63」 (2019) : 255-83.
9   안지언, "도시공동체 속 노년기 문화예술활동을 통한 '창의적 나이 듦' 가능성 연구: 생애전환 사례를 중심으로", 문화산업연구 23/2 (2023) : 22-33.
10 강은주, "충남 소도시 노인의 평생교육에 대한 요구 분석", 45-55.

녀는 초고령 사회로 진입한 충남 B 도시의 하루 이용자 수가 가장 많은 노인복지관을 선정하였다. 프로그램 참여자 150명을 설문 조사하여 빈도분석, 카이제곱검정, 일원분산분석을 실시하였다.

연구 결과, 학습자는 강의식 수업과 본인들이 직접 참여하는 교육 형태를 선호하며 교육시간에 대해 여성은 오전에 실시하는 것을 선호하였고, 남성은 오전, 오후 시간에 대해 선호도에 차이를 보이지 않았다. 수업시간은 80세 이상의 응답자는 1시간~1시간 30분을 적당하게 여겼으므로 고령 학습자에게 2시간 이상의 장시간 수업은 지양할 것을 제안하였다.

적당한 수업 회수는 주 2회 수업을 가장 선호했으며, 건강 상태가 양호한 노인은 주 4회를 선호하여 노인학습자의 건강요인은 학습 참여에 큰 영향을 미치는 것으로 나타났다.

노인학습에서 건강 상태는 중요한 변인으로 노화에 따른 신체 기능 저하와 노인기 질병 예방에 도움이 되는 프로그램 개설하는 것을 제안하며 교육 참여를 높일 방법으로 제시하였다. 바람직한 강사 요건은 내용 전문가를 가장 선호했으나, 무학의 노인은 강사 요건에 대한 뚜렷한 기준을 나타내지 않았다. 적당한 수업료에 대한 응답은 1만 원 미만을 가장 높게 선호하여 경제적 부담을 받지 않는 정도의 수업료를 원하는 것으로 나타났다.

따라서, 노인학습자를 위해서 건강 관련 프로그램의 개발과 여가 활용 프로그램과 노인들이 직접 참여 가능한 봉사 활동, 예술·교양 교육 등 다양한 프로그램의 개발이 필요하다고 제안하였다.[11]

김미란은 2015년 노년기 교육 참여 동기 및 만족도에 따른 생활만족도에 미치는 영향에 관해 연구하였다. 이 연구는 충청남도 서산시 서산종합사회복지관 노인아카데미 프로그램 참여 노인 152명을 대상으로 설문 조사하였다. 연구 결과, 사회인구학적 변인과 참여 동기 요인의

---

11   강은주, "충남 소도시 노인의 평생교육에 대한 요구 분석", 64.

영향력은 유의미하지 않은 것으로 나타났다. 그리고 교육 참여 만족 요인 중 지적 만족도는 생활만족도에 유의미한 영향 요인으로 나타났다.

노년기 교육 프로그램 개발과 설계를 하는데 학습자들의 특성에 맞춘 교육 프로그램을 개발하여 노인 참여자들의 욕구에 따라 교육에 참여할 수 있도록 다양한 교육 프로그램을 개발할 것을 제안하였다.[12] 즉, 노년의 생활만족도를 높이고 성공적 노화로 이끌어 줄 수 있는 방안을 제시하였다.

후기 노인에게 자아통합감은 노년기에 노인이 가질 수 있는 가장 이상적인 심리 정신 상태이며, 인생주기를 통해 이루어진 바람직한 성향의 결과로 볼 수 있다. 자아통합감의 달성은 생애를 돌아보는 활동을 통해서 이루어지며 이런 활동은 삶의 지혜를 갖도록 도와준다.[13]

자아통합 활동은 자기의 일생을 보람 있고 의미 있는 삶이었다고 여기는 표현적인(expressive) 필요를 채워주는 요소를 함의하고 있다.[14]

(3) 교육 환경 분석

교회는 교육과 훈련에 효과적인 환경을 가지고 있다.

첫째, 방송 장비와 음향시설 등 영상매체를 활용할 수 있어 활동을 수월하게 할 수 있다.

둘째, 교회에는 다양한 영역의 전문인력을 보유하고 있다. 교회에는 음악, 미술, 체육, 교육 등 전문직 성도들이 존재하고 있어 이들을 활용하여 양질의 교육을 수행할 수 있는 장점이 있다.

셋째, 교회에는 다양한 영역에서 헌신 된 봉사자를 보유하고 있다. 교육 활동 시 이해도가 낮은 학습자는 교육 봉사자의 도움을 받아

---

12 김미란·한정란. "노년기 교육 참여 동기 및 만족도에 따른 생활만족도", 노년교육연구, 1/1 (2015) : 19-32.
13 장성옥 외, "한국 노인의 자아통합감 측정도구 개발을 위한 연구", 334-342.
14 이석철, 『기독교 성인사역론』, 295.

학습을 효과적으로 수행할 수 있다.

또한, 거동이 불편한 학습자는 교회의 차량 운행과 봉사자의 지원을 통해 교육공간으로 이동 도움을 받을 수 있다. 따라서, 타인의 도움을 요구하는 후기 노인을 위한 프로그램을 수행하기에 적합한 환경이라고 할 수 있다.

(4) 학습 내용분석

① 자아통합감 내용분석

Erikson은 자아통합감의 달성은 생애를 돌아보는 활동을 통해 이루어지며, 이런 활동은 노인이 삶의 지혜를 갖게 한다고 제시하였다.[15]

자아통합감 요인은 1989년 김정순에 의해 연구되었다. 그녀는 자아통합감을 노년기 성공적인 적응의 결과인 심리적 안녕 상태로 정의하고 이를 가져다 주는 요인을 분석하였다. 그 결과 자아통합감을 구성하는 6개 영역을 현재 생활에 대한 만족, 지나온 일생에 대한 수용, 긍정적인 자아상, 삶의 존엄성과 가치의 확신, 지혜로운 삶, 죽음에 대한 수용으로 도출하였다.

이를 요약하면 현재 만족, 과거 수용, 지혜의 삶, 노화 수용, 죽음 수용, 생애 태도라 할 수 있다. 이와 같은 연구에 따라 학자들은 노년기에 해결해야 할 심리사회적 발달과업과 위기를 자아통합감 대 절망으로 보고 이를 중재할 수 있는 중재 기법으로 생의 회고를 제시해 왔다.[16]

② 자아통합감 선행 프로그램 분석

15　Erik H. Erikson, 『유년기와 사회』, 328.
16　장성옥 외, "한국 노인의 자아통합감 측정도구 개발을 위한 연구", 334-42.

선행 프로그램 사례로는 2015년 60세 이상 노인을 대상으로 실시한 자아통합감 증진을 위한 의미치료 프로그램이 있다. 심정자는 Frankl의 의미치료 이론을 적용하여 자아통합감 요소인 우울과 죽음 불안을 감소시키고, 자아존중감과 자기효능감을 증가할 수 있게 프로그램을 설계하였다. 프로그램은 8회기로 구성하였으며, 구체적으로는 1회기 신뢰감 형성, 2·3회기 과거와 현재 수용, 4·5회기 자기가치감 고양, 6회기 노화와 죽음 수용, 7회기 삶에 대한 긍정적 태도, 8회기 마무리 소감 나누기다. 프로그램 실시 결과 우울이 감소하고 자기효능감이 향상되었으며, 자아통합감이 증진되었다.[17]

2020년에 전라북도 전주시 2개 기관에서 노인들의 생애통합 집단상담 프로그램을 3 그룹에 실시하였다. 이 프로그램은 김남원이 2010년 노인을 대상으로 개발한 '회상집단상담' 프로그램을 수정·보완하여 사용한 것이다. 회상 활동을 노년기의 발달과업인 자아통합을 이루는 데 필요한 과정으로 보고, 노인 상담 기법 중 회상기법을 사용하였다. 프로그램은 총 4회기로 구성되어 있으며 1회기 자기소개, 2회기 어린 시절로의 회상 여행, 3회기 젊은 시절로의 회상 여행, 4회기 내 삶의 수용과 통합이다.

개방형 질문을 통해 회상 활동을 촉진하고 공감과 경청, 재진술과 해석 등의 기법을 활용해서 부정적 경험과 정서를 긍정적으로 수용하고 통합하도록 설계되었다. 실시 결과 프로그램 참가자들의 생애통합 경험을 증진하는 효과가 있는 것으로 나타났다.[18]

또 하나의 선행연구로는 2021년 서울에서 거주하는 65세 이상 경로당 이용 노인을 대상으로 벌인 노인의 행복감과 자아통합감 증진을 위한 통합예술프로그램이 있다. 프로그램은 초반, 중반, 후반으로

---

17 심정자, "노인의 자아통합감 증진을 위한 의미치료 프로그램 개발" (박사 학위 논문, 서울불교대학원대학교 상담심리학과, 2015), 117.
18 김인규·김남원, "생애통합 집단상담 프로그램의 지역 사회 실시 사례 연구", 상담학 연구: 사례 및 실제 5/2 (2020): 63-74.

나누어 주 1회 70분, 15회기로 진행되었다. 이 프로그램은 홍유진이 2018년 개발한 IT기반 통합예술치료 중 카타르시스 모델과 투사 모델(미술, 음악, 연극, 동작, 사진), 가면 아이 모델이 상호 유기적으로 사용되었다. 프로그램 시행 결과 노인들은 IT 기반 통합예술치료를 통해 행복감이 증진되고, 긍정적인 자기표현 횟수가 증가하고, 자긍심과 자존감, 대인 관계 능력이 향상되면서 자아통합감 증진을 촉진하는 효과가 나타났다.[19]

살펴본 바와 같이, 후기 노인의 자아통합을 증진하는 활동으로 회상과 의미치료가 효과적인 것으로 나타났다. 또한, 통합된 예술 활동 중 문학은 자기표현력과 대인 관계 능력을 향상하고, 음악은 회상을 촉진하며, 미술은 집중력과 표현력을 높였다. 또한, 신체적 에너지를 활성화하는 것으로 나타났다.

본 프로그램은 회상 활동과 문화예술 활동 및 동작 활동을 통한 교수 방법을 선정하여 개발하였다.

2) 설계

(1) 목적과 목표 설정

본 프로그램의 교육 목적은 후기 노인의 자아통합을 이루기 위한 것이다. 교육 목적을 이루기 위한 교육 목표는 다음과 같다.

첫째, 성경에 나타난 노인에 대한 이해를 앎
둘째, 하나님과 나의 관계에서 자신이 살아온 삶의 의미를 가치 있게 수용하여 기독교인으로서 자아통합을 이룸

---

[19] 김주영, "노인의 행복감과 자아 통합감 증진을 위한 통합예술치료 프로그램 적용 연구" (박사 학위 논문, 동덕여자대학교 대학원, 2021), 129-33.

교육 목표를 이루기 위해 학습 목표는 다음과 같다.

첫째, 나의 일생의 여정 가운데 언제나 하나님이 함께하셨음을 아는 것
둘째, 나의 일생의 여정 가운데 하나님이 동행하셨음에 감사하는 것
셋째, 나의 삶에 모든 순간에 동행하신 하나님의 선하심을 의지하여 내 삶을 가치 있게 받아들이는 것

2) 내용 선정 및 조직

본 프로그램은 후기 노인의 자아통합을 이루기 위해 다양한 예술 활동을 매개로 하여 한 차시에 성경 이야기, 음악, 미술, 건강체조, 원예, 자아통합 인식전환 활동이 상호연결되어 교육 목적에 도달하게 하는 노인교육프로그램이다. 프로그램은 한 차시가 운영되는 60분 동안 건강체조, 음악 활동, 성경 이야기, 자아통합 인식전환(나의 책), 미술, 원예 활동을 시간의 흐름에 따라 진행하는 시간표로 구성하였다.

프로그램 주제는 인생의 생애주기별 회상을 활용하여 탄생, 청년, 결혼, 임신, 출산, 고난, 죽음으로 한다. 자아통합 요소인 현재 만족, 과거 수용, 지혜의 삶, 노화 수용, 죽음 수용, 생애 태도를 각 회기에 적절히 배치하여 학습자가 스스로 자아통합의 결과를 가질 수 있도록 구성되었다. 회기별 주제 및 활동 내용은 아래 <표-6>과 같다.

<표-6> 후기 노인 자아통합 교회 교육 프로그램의 주제 및 활동 내용

		자아통합 요소	지혜 성이야기	건강체조	음악	자아통합 인식전환	미술 / 원예
1	탄생	지혜의 삶	하나님의 형상	손가락 체조	일소일소 일노일노	나의 책 ① : 나의 탄생	미술: 에코백 채색하기
2	청년	과거 수용 지혜의 삶	아브라함의 하나님	안면 구강 운동	일소일소 일노일노	나의 책 ② : 가장 예쁜 나	원예: 맥문동 화분 만들기
3	결혼	과거 수용 노화 수용	이삭의 하나님	치매 예방 박수	일소일소 일노일노	나의 책 ③ : 꽃가마 꾸미기	미술: 족두리 꾸미기 원예: 들꽃부케
4	임신	과거 수용 삶의 가치	야곱의 하나님	하지 근육 강화	내 영혼이 은총 입어 (찬 348)	나의 책 ④ : 입덧 음식 소개	미술: 아크릴 풍경그림
5	출산	과거 수용 삶의 가치	한나의 하나님	손가락 체조	내 영혼의 그윽히 (찬 412)	나의 책 ④ : 자녀에게 편지 쓰기	미술: 아크릴 꽃그림
6	고난	과거 수용 삶의 가치	욥의 하나님	하지 근육 강화	시편40편 배우기	나의 책 ⑤ : 고난 일기 쓰기	원예: 리스만들기
7	죽음	죽음 수용 생애 태도	안나의 하나님	전신 체조	큰 영광 중에 계신 (찬 20)	나의 책 ⑥ : 천국 이사짐 싸기	미술: 복음팔찌 만들기
8	마무리	지혜의 삶 삶의 가치	일생을 그리스도와 함께	문화예술활동 : 자아통합 콘서트		최고의 만찬 (사연 있는 음식, 입덧 음식을 통한 통합 및 치유)	

① 1회에는 생애주기의 '탄생'을 주제로 자아통합의 요소 중 지혜의 삶 활동을 진행한다. 인간은 '하나님의 형상'으로 지어졌으며, 노인은 하나님의 형상을 오래 품은 인간으로서 하나님의 내재하심을 깨닫는 시간을 갖는다. 자아통합 인식전환활동으로 나의 탄생 순간을 회상하는 시간을 갖고, 나의 탄생에 하나님이 함께하시고, 기뻐하셨음을 알게 한다. 미술 활동으로 에코백을 채색하고 앞으로 전개될 프로그램을

기대하게 한다.

② 2회에는 생애주기의 '청년'을 주제로 자아통합 요소 중 과거 수용과 지혜의 삶 활동을 진행한다. 성경 인물 중 아브라함의 삶 속에 나타나신 하나님의 이야기를 듣고, 자기의 삶에서 하나님을 회상하고 스스로 통합하여 지혜를 획득한다. 학습자는 자아통합 인식전환활동으로 나의 청년기에서 가장 예뻤던 순간을 회상하며, 하나님도 나의 청년 시기 모습을 기뻐하셨음을 알게 한다.

원예 활동으로 '맥문동 화분 만들기'를 하고 식물을 잘 돌보기를 다짐하며, 하나님이 내 삶도 잘 돌보아 주셨음을 알고 그것에 감사하는 마음을 표현하는 활동을 한다.

③ 3회에는 생애주기의 '결혼'을 주제로 자아통합 요소 중 과거 수용과 노화 수용 활동을 진행한다. 성경 인물 중 이삭의 삶 속에 역사하신 하나님의 이야기를 듣고, 자기의 삶에서 하나님이 역사하신 일들을 회상하며 통합하는 시간을 갖는다.

학습자는 자아통합 인식전환활동으로 '꽃가마 꾸미기'와 미술 활동 '족두리 꾸미기,' 원예 활동 '들꽃부케 만들기'를 한다. 나의 결혼식을 회상하며 매우 아름다웠던 일로 추억하고 흘러간 세월 속에서 나의 늙음도 받아들이는 활동을 한다.

④ 4회에는 생애주기의 '임신'을 주제로 자아통합 요소 중 과거 수용과 삶의 가치 활동을 진행한다. 성경 인물 중 야곱의 삶 속에서 역사하신 하나님의 이야기를 듣고 자신의 인생에 대입하여 통합하는 시간을 갖는다.

학습자는 자아통합 인식전환활동으로 '입덧 음식'을 주제로 하여 사연 있는 음식 이야기를 회상하고 회중에 발표한다. 사연이 있는 음식은 8회기 마무리 단계에서 최고의 만찬에 활용된다. 학습자는 미술 활동으로 아크릴 물감을 사용하여 '풍경 그림 그리기'를 하며 내면의 색채를 끌어내 예술적으로 표현하는 활동을 한다.

⑤ 5회에는 생애주기의 '출산'을 주제로 자아통합 요소 중 과거 수용과 삶의 가치 활동을 진행한다. 성경 인물 중 한나의 삶 속에서 역사하신 하나님의 이야기를 듣고 자신의 인생에 대입하여 통합하는 시간을 갖는다.

학습자는 자아통합 인식전환활동으로 '자녀에게 편지 쓰기' 활동을 한다. 프로그램의 모든 과정을 마친 후에 완성된 활동지를 자녀와 공유하여 자녀에게도 부모와 자녀 간 관계를 돈독하게 할 기회를 제공한다. 미술 활동으로 '아크릴 꽃 그림 그리기'를 하며 심리적 안정감을 느낀다.

⑥ 6회에는 생애주기의 '고난'을 주제로 자아통합 요소 중 죽음 수용과 생애 태도 활동을 진행한다. 성경 인물 중 욥의 삶 속에서 역사하신 하나님의 이야기를 듣고 자신의 인생에 대입하여 통합하는 시간을 갖는다.

학습자는 자아통합 인식전환활동으로 '고난일기 쓰기'를 하면서, 자기의 삶에 있었던 고난의 순간과 그 고난을 극복한 이야기를 발표한다. 학습자는 원예 활동으로 '리스 만들기'를 하여 고난을 극복한 자신에게 선물한다.

⑦ 7회에는 생애주기의 '죽음'을 주제로 자아통합 요소 중 죽음 수용과 생애 태도 활동을 진행한다. 성경 인물 중 안나의 삶 속에서 역사하신 하나님의 이야기를 듣고 안나의 삶 속에서 소명을 발견하며 자신의 인생에 대입하여 통합하는 시간을 갖는다.

학습자는 자아통합 인식전환활동으로 '천국 이사짐 싸기'를 하면서 천국에 가져갈 것과 놓고 갈 것들의 생각을 정리해보는 시간을 갖는다. 학습자는 미술 활동으로 '복음 팔찌 만들기'를 하면서 천국에 대한 소망을 내면화하는 활동을 한다.

⑧ 8회에는 프로그램을 마무리하는 시간으로 7회기 동안의 활동을 회상하며 하나님과 나의 관계 속에서 지나온 자신의 삶을 조명하는 과

정을 통해 이루어온 자아통합의 결과를 내면화하는 활동을 한다.

문화예술 활동으로 자아통합 콘서트를 관람하고, 입덧 음식과 사연 있는 음식을 제공하는 최고의 만찬 시간을 가짐으로써 위로의 시간을 갖는다.

(3) 교수 전략 및 매체선정

교수 전략은 회상기법과 모델링 교수법을 사용한다. 회상기법을 활용한 생애통합 집단상담 프로그램은 참가자들의 생애통합 경험을 증진하는 것으로 보고되고 있다.[20] 학습자는 회상기법을 통해 긍정적 지지자원 인식, 의미 있는 회상 경험, 삶에 대한 긍정적 수용 및 통합, 여생에 대한 긍정적 계획 수립 등의 생애통합 성과를 거둘 수 있을 것이다.

또한, 교수자는 성경 인물 중에 하나님과의 관계 속에서 삶을 가치 있게 살았던 인물을 발췌하여 탐구하고 학습자에게 모델로 제시한다. 이야기를 통한 모델링 교육은 학습자 스스로 자기의 삶에 그 이야기를 대입하여 인지적·정의적·행동적 변화를 가져올 수 있다.

문화란 한 사회의 주요한 행동 양식이나 상징체계를 말하는데 인간은 문화를 형성한다. 문화는 집단의 행동이나 생활 양식으로서 집단 구성원들이 공유하고 있는 모든 생활 양식 또는 기대되는 생활 양식을 말한다. 종교적 관점에서 Paul Johannes Tillich는 종교는 문화의 뿌리로 정의했다. 즉, 교회라는 신앙공동체도 그 나름의 문화를 지니고 있다.[21]

예술이란 예체능 일반 음악·미술·공연·전시 등 문화적 활동과 관련된 예술을 뜻한다. 즉, 문화예술은 인간이 형성하여 표출하는 것으

---

20 김인규 외, "생애통합 집단상담 프로그램의 지역 사회 실시 사례 연구", 상담학연구: 사례 및 실제 5/2 (2020): 63-74.
21 이석철, "성인 교육 프로그램 개발의 기본 개념과 유형들", 「복음과 실천 37」 봄호; 253-282.

로 인간만의 고유한 특성이다. 예술은 치유성이 있고 예술 활동은 창의적 표현을 통해 이루어진다. 통합예술치료의 창시자인 McNiff는 창조적인 표현 활동은 한 인간이 끊임없이 변화하는 삶의 조건에 따라 자유롭게 대응할 수 있는 능력을 발휘하게 해준다고 말했다.[22]

그는 모든 예술은 표현적인 특성과 창조적인 목적으로 연결되어 있으며, 참여자들의 표현과 상상력을 깊게 하고 참여자들을 심리치료과정 안으로 이끌어 준다고 설명하였다. 또한, 예술의 치료와 치유적 효과는 전문적인 치료 활동 외에도 예술 양식 그 자체에 대한 순수한 체험 과정을 통해 나타날 수 있다고 말한다.[23]

문화예술교육은 학습자가 기능성, 창의성, 존재론 관점을 갖게 한다. 기술을 습득하며 기능이 향상되며, 다양한 표현을 통해 창의성이 계발되며, 나이 듦의 인간 발달 과정에서 존재론적 관점을 갖게 된다.[24] 문화와 예술이 지닌 창조적 힘은 자유롭게 창조적인 문화 활동을 영위하면서 노년기 창의적 나이 듦에 다가가게 한다.

예술은 치유의 효과를 지니고 있다. 예술치유는 예술을 도구 하여 인간의 심리·심리사회·사회적 문제의 개선과 회복을 통한 전인적 성장을 이르게 하는 것이다.[25] 예술치유는 스스로 판단하에 자기 강화 과정이 가능한 것으로 설명할 수 있다. 문화예술 영역 중 치유적 효과가 있는 음악, 미술, 원예 분야를 본 프로그램의 지식, 감정의 표현 도구로 사용한다.

본 프로그램의 교수 활동은 문화예술 영역 중 음악, 미술, 원예 활동으로 한다. 문화예술은 인간이 형성하여 표출하는 것으로 인간만의 고

22　Shaun Mcniff, 『통합예술치료 역사와 이론과 실제』, 윤혜선 역 (파주: 한국학술정보: 이담Books, 2014), 29-39.
23　김주영, "노인의 행복감과 자아통합감 증진을 위한 통합예술치료 프로그램" (동덕여자대학교 대학원, 박사 학위 논문, 2021, 8.).
24　안지언, "도시공동체 속 노년기 문화예술활동을 통한 '창의적 나이 듦' 가능성 연구: 생애전환 사례를 중심으로", 「문화산업연구, 23권 2호」 (2023년 6월): 22-33.
25　윤라미, 박윤미, "경증치매노인과 배우자를 위한 예술치유 프로그램 제안", 한국콘텐츠학회논문지, 22권 7번, 370-383.

유한 특성이다. 노인학습자는 문화예술 교육을 통해 기술을 습득하고, 기능이 향상되며, 다양한 표현을 하면서 창의성이 계발된다.[26]

음악은 악보에 따라 목소리와 악기로 연주하는 예술 활동으로 후기 노인에게 교육적 효과를 높일 수 있는 도구다. 음악 활동은 미적 반응을 유발하며 회고의 자극제로서 긴장 이완과 즐거운 환경을 제공하는 것으로도 알려져 있다.[27]

미술은 인간이 물질적 재료에 조형 의지로 선, 색, 형, 공간을 표현하는 제작 과정과 완성된 작품을 이해하며 향유하는 일련의 활동이다. 미술은 개인의 느낌, 감정, 정서, 주제 등의 조형 의지를 물질에 조형적으로 표현하는 활동이다.[28]

미술 활동을 통해 기능이 저하된 오감을 자극하여 감각 기능을 높여 주고, 창작 활동을 통해 내면 언어를 표출하여 정서적 안정감을 가질 수 있다.[29] 원예는 채소, 과실나무, 화초 등 식물을 심어서 가꾸는 기술이다. 원예 활동은 식물과 자연을 통해 얻는 즐거움으로 인간의 내면을 치유해 준다는 특성이 있다. 노인은 원예 활동을 수행하면서 신체 건강을 유지하고 인지 능력 저하의 지연 효과가 있는 것으로 나타났다.[30]

또한, 원예 활동은 공해가 적은 활동으로 자연물인 식물을 만지고, 관찰하면서 도시 환경에서 받은 스트레스를 해소할 수 있다. 따라서, 학습자는 원예 활동을 통해 심리적 안정감, 지적 만족감, 스트레스 해소 및 운동 효과를 얻을 수 있다.[31]

아래는 교수 매체다.

---

26 안지언, "도시공동체 속 노년기 문화예술활동을 통한 '창의적 나이 듦' 가능성 연구: 생애전환 사례를 중심으로", 문화산업연구 23/2 (2023): 22-33.
27 채경수, "노인 복지에 대한 음악치료의 접근", 한국노인 복지학회 춘계학술대회 자료집 (2004): 5-18.
28 이성도 외, 『미술 교육의 이해와 방법』, 19.
29 윤라미·박윤미, "경증치매노인과 배우자를 위한 예술치유 프로그램 제안", 한국콘텐츠학회논문지 22/7 (2022): 370-83.
30 한경희, 『원예 치료 이론과 실제』, 32.
31 편수빈, "노인의 뇌활성 및 인지 기능 향상을 위한 원예활동의 효과", 10.

첫째, 음악 및 신체활동을 하기 위해 제주치매예방센터에서 제공하는 체조 동영상과 리조이스에서 제공하는 찬양·율동 동영상 자료
둘째, 미술 활동을 하기 위해 수채화 및 아크릴 그림 도구와 공작 활동을 할 수 있는 다양한 재료
셋째, 원예 활동을 하기 위해 식물과 화분, 생화 등 실물
넷째, 자아통합 인식전환활동 시에는 생애주기별 내용을 담은 '나의 책' 팸플릿

팸플릿은 생애주기에 따라 하나님을 발견할 수 있는 인식 활동을 하고 가시적으로 인지할 수 있도록 개발된 임마누엘스티커를 부착하는 활동으로 통해 미처 인식하지 못한 순간까지도 하나님을 인식할 수 있도록 매체의 내용을 구성하였다.

① 음악 활동과 교육적 효과

음악은 악보에 따라 목소리와 악기로 연주하는 예술 활동으로, 노인에게 교육적 효과를 높일 수 있는 도구다. 음악은 암기가 어려운 긴 문장도 음률을 가미해서 노래를 부르면 더 쉽게 내용을 숙지할 수 있는 특징이 있어 기억력과 학습 습득력이 저하된 노인에게 교육적 효과를 높일 수 있는 도구다.

또한, 노래는 자신의 감정을 직·간접적으로 표현할 수 있는 예술적 활동이다. 이런 감동적인 음악 활동을 통해 청중인 학습자는 정서적 안정감을 가질 수 있다. 즉, 음악 활동은 노인학습자에게 치료적 효과를 준다. 음악치료 활동은 노인의 특성을 반영하여 삶의 질을 개선할 수 있는 좋은 프로그램 중의 하나라고 할 수 있다.[32]

---

[32] 최말옥, 박혜령, "노인 생활만족도 및 자아존중감과 우울감에 대한 집단 음악 프로그램 효과성 비교연구", 한국노인 복지학회, 노인 복지연구 27 (2005): 303-324.

음악 활동은 노인들의 신체와 정서에 다양한 자극을 주어 긍정적인 반응을 증진하고, 사회통합을 촉진하며, 의사소통의 도구이며, 미적 반응을 유발하며, 회고의 자극제로서 긴장 이완과 즐거운 환경을 제공하게 되는 것으로 알려져 있다.[33]

음악을 활용한 프로그램은 노인의 삶의 만족도와 우울감 감소 및 자아존중감의 향상에 영향을 주는 것으로 확인되었다. 음악 활동은 기억력과 학습 습득력이 저하 되어 있는 노인에게 유익하다.[34]

② 미술 활동과 교육적 효과

미술은 인간이 물질적 재료에 조형 의지로 선, 색, 형, 공간을 표현하는 제작 과정과 완성된 작품을 이해하며 향유하는 일련의 활동이다. 미술은 개인의 느낌, 감정, 정서, 주제 등의 조형 의지를 물질에 조형적으로 표현하는 활동으로,[35] 아름다움을 추구하고 인간의 삶을 좀 더 풍요롭게 하면서 시각적인 즐거움을 동반한다.

또한, 무질서한 물질에 질서를 부여하고 생활 가운데 아름다움을 추구하거나 조화와 균형 있는 세계를 꾸며 보여 준다는 등의 여러 가지 의미를 부연할 수 있다.

미술은 개개인의 미술에 대한 경험과 자기 이유 그리고 직관에 근거한 활동이다. 미술 교육은 미적 체험을 중심으로 미적 앎(aesthetic Knowing)을 일깨우고 다양한 조형 사고와 질적 사고(qualitative thinking)로 함께 공감할 수 있는 미술의 이해, 표현, 감상의 장을 마련할 수 있어야 한다.[36]

---

[33] 채경수, "노인 복지에 대한 음악치료의 접근", 한국노인 복지학회 춘계학술대회 자료집 (2004): 5-18.
[34] 채경수, "노인 복지에 대한 음악치료의 접근" 한국노인 복지학회 춘계학술대회 자료집 (2004): 5-18.
[35] 이성도 외, 『미술 교육의 이해와 방법』, 19.
[36] 이성도 외, 『미술 교육의 이해와 방법』, 19.

미술 교육은 미적 체험을 통하여 대상이 가지는 존재의 아름다움을 각성하고 자유롭고 개성적으로 표현하며 표현된 작품에 공감하는 미적 향수에 이르는 일련의 직접적 미적 체험의 과정과 관련된다. 이러한 미술 교육의 이론을 바탕으로 노인이 제시된 인지적 내용을 잘 습득하고 표현하도록 한다.

노인의 미술 활동은 단순한 신체적 자극을 넘어서 창조적인 에너지를 발산하게 하여 전인적 발달을 도모할 수 있다. 즉, 노인의 미술 활동은 학습자의 창조성을 자극하고 개발하여 노인에게 심리적 안정감을 주어 삶의 행복감을 느끼게 하는 것에 목적이 있다. 특히 노인 미술 교육은 젊었을 때 하지 못했던 자기표현을 미술 활동을 통해 내부의 심리를 밖으로 표현하게 함으로써 신체적, 정신적인 행복과 삶을 향유할 수 있게 된다.

또한, 노년기 미술 활동은 자신의 갈등, 감정, 욕구, 생각 등을 명확하게 언어로 표현하기 어려운 내면의 마음을 시각화하여 표현할 수 있다는 점에서 매우 유용하다.[37]

McClusky는 노인의 학습 욕구에 대한 심리적 특성을 설명하였다. 그것은 환경 적응 욕구, 표현적 욕구, 사회공헌 욕구, 영향을 주려는 욕구, 초월적 욕구다.

노인의 학습 욕구에 대한 심리적 특성은 아래의 <표-7>과 같다.

---

37 심영옥 외, 『행복한 삶을 위한 노인 미술 교육의이론과 실제』, 12-16.

<표-7> 노인의 학습 욕구에 대한 심리적 특성[38]

분류	학습 욕구의 심리적 특성
환경 적응 욕구 (coping needs)	· 노화를 만회하기 위한 교육 욕구 · 현재 사회에 적응하기 위한 미흡한 과거의 지식 보충 욕구 · 일상생활에 효과적인 적응을 위한 새로운 규칙 습득 욕구 · 경제 지식, 상식 교육에 대한 욕구
표현적 욕구 (expressive needs)	· 서예, 미술, 공예, 음악 등 문화예술에 대한 욕구 · 내재적 동기로 예전에 배우지 못한 새로운 배움의 욕구 · 동아리 활동으로 친교 관계를 갖고 싶어하는 욕구
사회공헌 욕구 (contributive needs)	· 타인에게 헌신하고자 하는 욕구 · 지역 봉사 활동이나 기타 자원봉사, 종교 단체 봉사 욕구 · 자아 개념 충족과 경험을 원하는 이타적인 욕구
영향을 주려는 욕구 (influence needs)	· 타인에게 좋은 영향을 주고 싶어하는 욕구 · 교육을 통해서 상호적 집단 활동에 참여 욕구 · 사회적으로 인정 받고자 하는 욕구
초월적 욕구 (transcendence needs)	· 인생을 정리하는 시기인 노년기는 죽음을 준비하는 시기 · 육체적인 것보다는 인생의 본질적 의미를 찾고자 하는 욕구

노인의 심리적 욕구 중 환경 적응 욕구와 표현적 욕구는 문화예술에 대한 욕구와 일치한다. 따라서, 노인은 미술 교육을 통해 예술작품을 창작하면서 사회에 공헌하도록 하는 것은 노년기를 보람 있고 가치 있게 보낼 수 있는 활동이 될 수 있다.

노년기는 인간 발달 과정의 마지막 시기이다. 노인이 되면 젊은이들보다 육체적으로는 쇠약할 수 있으나, 삶에서 얻은 지혜와 장점을 살려서 성공적인 노년기를 보낼 수 있다. 노인 스스로 의미 있는 삶을 살고, 사회에 적극적으로 헌신하고 봉사하는 모범을 보이면서 젊은이들에게 생의 본보기가 될 수 있다.

미술치료는 미술 매체를 활용한 감각 자극과 창조적 과정으로 자유로운 내면 언어 표출과 정서적 안정을 전달하고, 집단미술치료는 활

---

[38] 허정무, 『노인학 개론』(서울: 양서원), 2007.

발한 의사소통 환경 조성으로 긍정적인 상호 작용을 끌어낸다.[39] 미술 활동을 통해 기능이 저하된 오감을 자극하여 감각 기능을 높여주고, 창작 활동을 통해 내면 언어를 표출하여 정서적 안정감을 가질 수 있다.[40]

③ 원예 활동과 교육적 효과

원예는 채소, 과실나무, 화초 등 식물을 심어서 가꾸는 기술이다. 원예 활동은 식물과 자연을 통해 얻는 즐거움으로 인간의 내면을 치유해준다는 특성이 있다.[41] 문명이 발달할수록 식물과 자연은 인류의 고향과 같은 존재로 인식되며 인간 정서의 근원적인 배경이 되어 준다.[42] 인간은 자연에서 태어나 마지막에 다시 자연으로 돌아가는 운명으로, 인류는 태초부터 식물과 물질적·정신적으로 질긴 유대 관계를 맺고 살아왔다. 따라서, 우리는 모두 본능적으로 자연을 친근하게 느끼고 그 속에서 살고자 하는 욕구를 강하게 느낀다.

원예는 참여하는 사람들에게 운동 효과, 타인과의 친목 도모, 기분 전환으로 인한 정신적 효과를 주고, 특히 2차 원예에 참여하는 아동과 노약자들에게 교육적 및 사회적 효과를 준다.[43] 관상이 주목적인 꽃은 인간의 정신적인 면에 많은 영향을 끼치고, 채소나 과수류는 주로 식용으로 이용되면서 인간의 육체적 건강에 이바지한다.[44] 원예 작물은 부자연스러운 환경·식품에 농축된 인간의 몸을 보호하고 정화 시켜 순환기 계통의 병이나 암 등을 예방하는 매우 중요한 역할을 한다.

---

39 윤라미, 박윤미, "경증치매 노인과 배우자를 위한 예술치유 프로그램 제안", 한국콘텐츠학회논문지, 22권 7번, 370-383.
40 윤라미·박윤미, "경증치매 노인과 배우자를 위한 예술치유 프로그램 제안", 한국콘텐츠학회논문지 22/7 (2022): 370-383.
41 편수빈, "노인의 뇌 활성 및 인지 기능 향상을 위한 원예 활동의 효과" (건국대학교 농축대학원 석사 학위 논문, 2019).
42 한경희, 『원예 치료 이론과 실제』 (용인: 노스보스, 2020), 13.
43 한경희, 『원예 치료 이론과 실제』, 16.
44 한경희, 『원예 치료 이론과 실제』, 17.

일상생활에서 오염된 공기의 흡입, 흡연, 고농도 염분 섭취, 과다한 지방 섭취 등으로 인해 폐암, 간암, 장암, 유방암 등이 증가하고 있는 상황에서, 신선한 채소와 과일을 충분히 섭취하면 이러한 심각한 질환에 걸릴 위험을 현저히 감소시킬 수 있다.[45]

원예 활동은 치료적 기능이 있다. 인간은 자연과 함께함으로써 산업화로 인해 파괴된 인간성을 회복할 기회를 얻을 수 있다. 자연과 함께하는 경험은 벗어나기, 확장, 흥미, 적합성과 같은 조건을 만족시키기 때문이다. 심리적 안정감, 지적 만족감, 운동 효과를 얻을 수 있다.[46] 현대인들의 일상에서 생활 공간 가까이에 녹색식물을 두는 것만으로도 스트레스 경감에 큰 도움이 된다. 식물은 힘겨운 현실을 살아가는 많은 사람에게 따뜻한 위안과 희망, 감상의 즐거움과 생명의 신비를 일깨워 준다.

원예 활동은 식물의 성장을 통해 인간 자신의 성장을 도모하는 학습 활동이다. 우리는 꽃이나 관상용 식물을 가꾸고, 뿌리채소, 허브, 과실수 등을 재배하면서 다양한 경험을 하게 되고, 그 과정에서 자신과 타인의 정서적 및 실용적인 만족을 만끽할 수 있다. 인간은 식물의 아름다움을 감상하는 동안에 또는 식물을 직접 재배하면서 성장·발육 과정을 지켜보는 과정에서 다양한 심리적 경험을 한다.

원예 치료의 이론적 기반은 원예와 인간에 대한 깊은 통찰에서부터 시작된다.[47] 원예 치료를 위한 원예 활동 혹은 정원 활동의 주체는 인간이며, 인간은 다양한 발달 과정을 통해 성장한다. 이와 같은 성장 과정을 이해하는 것은 인간과 식물의 생명주기를 평행적 주제로 인식하는 데 매우 필요한 요소이다. 씨앗부터 자라는 식물의 일련의 과정을 통해 인간의 일생을 비유적으로 깨달을 수 있는 토대를 마련한다. 인간의 태어남부터 일어나는 생명의 신비와 소멸의 과정을 간접적으로

---

45   한경희, 『원예 치료 이론과 실제』, 17.
46   한경희, 『원예 치료 이론과 실제』, 32.
47   한경희, 『원예 치료 이론과 실제』, 58.

체험할 수 있다.

  Karel Capek는 정원가는 반드시 스스로 부딪히고 인내하면서 깨달아가는 존재라고 하였다.[48] 어떤 의미에서 정원가는 미래를 위해 살아간다. 정원의 핀 꽃을 보며 내년에는 훨씬 더 탐스러운 꽃이 필 것이다. 시간은 무언가를 자라게 하고 해마다 아름다움을 조금씩 더한다. 하나님의 보호하심 아래 우리는 또다시 한 해를 살아간다.

  정원가는 매월 할 일에 대한 계획을 세운다. 1월이면 정원가는 '날씨를 경작한다.'[49] 1월의 햇빛, 온도, 적설량, 바람 등등 모든 날씨에 관심을 두고 기후를 관찰한다. 정원가에 작물을 키우는 시간이란 매우 중요한 자리를 차지한다.

  장미를 꽃피우는 건 '시간'이라는 말이 있다. 장미 관목이 자라는 시간까지 따지면 심고 나서 적어도 3년은 기다려야 한다. 정원에 나무를 심은 정원사는 인내심이 대단하다. 건강하게 오래오래 살아서 내가 흘린 땀의 결실을 온전히 누릴 수 있기를 바라는 소망을 담는다.

  나무를 심는다는 것은 희망이다. 노인이 감나무 묘목을 심는 것은 내년에도 이 나무를 관리하겠다는 의미이고, 삶의 희망을 간접적으로 말하고 있다. 심은 묘목을 가꾸고, 보면서 내년을 계획한다. 노후의 삶에 이것만큼 효과적으로 생산성 있는 일은 없다.

  뇌 과학에선 '변연계 공명'이라 하여 원시시대부터 함께했던 경험을 다시 하면 감성 중추인 대뇌변연계가 본능적, 원시적을 반응을 보이게 된다. 그래서 이를 원시 경험, 순수 체험이라 부른다. 뇌 과학적 원칙에 따라 정원 치료를 하고 있다. 프로이드, 융, 메닝거 등 정신의학계 학자들은 정원 치료에 정성을 기울였다.[50]

---

48   카렐차페크,『정원가의 열두 달』, 배경린 역 (서울: 펜연필독약, 2019), 200.
49   카렐차페크,『정원가의 열두 달』, 43.
50   이시형,『신인류가 몰려온다』(서울:특별한서재, 2022), 177.

원예 활동은 노인의 신체 건강을 유지하고 인지 능력 저하의 지연 효과가 있는 것으로 나타났다.[51] 따라서, 학습자는 원예 활동을 통해 심리적 안정감, 지적 만족감, 운동 효과를 얻을 수 있다.[52]

④ 체육 활동과 교육적 효과

체육 활동은 신체의 모든 부분을 자극하고, 근력을 강화하는 활동이다. 노인이 부담 없이 할 수 있는 체육 활동은 무용·동작 활동이 있다. 이런 무용·동작 활동은 노인들의 신체 움직임 및 신체접촉을 활성화하고 노인들에게 새로운 활력을 주는 것으로 노년기에 직접으로 신체를 자극할 수 있는 효과석인 활동이다.

신체 이완 활동은 단순한 신체 움직임에서 시작하여 신체 감각 활동 및 신체가 기억하는 외상을 이완하는 활동을 할 수 있다. 신체 이완 활동을 통해 노인은 우울과 불안이 있는 경증치매 노인의 정서적 표현에 효과적이며 우울감 완화와 자아존중감 향상에 긍정적인 영향을 주는 것으로 나타났다. 또한, 외로움과 무력감을 완화하고, 자기표현 및 대인 관계에 긍정적인 영향을 주는 것으로 나타났다.

⑤ 문학 활동과 교육적 효과

문학을 매체로 한 교육으로 동화책 듣기, 즉흥 글쓰기나 이야기 만들기 등의 활동을 할 수 있다. 이러한 문학을 통한 창작 활동은 학습자의 무의식적 정서가 의식화되는 대표적인 예이다. 문학 활동에 사용되는 문학의 형태는 시, 산문, 소설 등 다양하다.

선행연구로는 노인을 대상으로 그림책(동화)을 사용하여 자아존중감 및 자아통합감을 향상하는 효과가 있는 것으로 나타났으며, 시 쓰기와 삶의 회고를 통해 우울감 완화에 도움이 되는 것으로 나타났다.

---

51 한경희, 『원예 치료 이론과 실제』, 32.
52 편수빈, "노인의 뇌활성 및 인지 기능 향상을 위한 원예 활동의 효과" (석사 학위 논문, 건국대학교 농축대학원, 2019)

교회 교육의 중심을 이루고 있는 성경은 하나님을 알고자 하는 학습자를 위한 책이다. 성경은 역사서, 시가서, 서신서 등 여러 문학 장르로 기술되었다. 성경은 인물과 사건이 풍부한 이야기책으로 1,500년 동안 40명의 저자에 의해 기록되었다. 수많은 저자와 긴 연대기 속에서 작성된 성경은 오롯이 한 곳을 가리키고 있다. 그것은 바로 하나님이다.

하나님은 스스로 있는 자로서 자신을 인간에게 스스로 나타내셨다. 하나님은 자신을 인간의 언어로 가르치셨는데, 성경은 인간 언어의 산물인 문학의 다양한 장르로 기술되어 교훈과 책망과 바르게 함과 의로 교육하기에 유익한 책이다(딤후 3:16).

(4) 학습 평가 도구

학습에 대한 평가는 형성평가와 총괄평가로 이루어진다.

형성평가는 고령의 성인 학습자인 것을 고려하여 매 차시 학습 마무리 단계에서 구술로 형성평가를 한다.

총괄평가는 프로그램을 통해 자아통합감의 형성 정도를 파악하기 위한 것으로 자아통합감 척도와 프로그램 만족도 설문을 하는 것으로 한다.

3) 개발

(1) 교수 자료 개발

프로그램 분석과 설계의 내용을 중심으로 교수 자료로 사용될 학습 지도안 및 학습 매체를 구체화하여 프로그램을 개발하여 작성하였다.

프로그램은 총 8회기로 구성되어 있으며 회기별 주제는 생애주기에 따라 탄생, 청년, 결혼, 임신, 출산, 고난, 죽음을 주제로 하여, 과거, 현재, 미래의 시간 전망을 포함하여 구성되어 있다.

학습 목표는 노인학습자가 회상 활동을 통해 인생의 모든 순간에 하나님이 함께하셨고 때로는 혼자 어렵게 이겨낸 듯한 고난과 좌절의 순간에도 항상 나의 옆에서 지지해 주셨던 하나님을 스스로 발견하게 하는 것이다.

학습자는 회기마다 자아통합 인식전환활동인 '나의 책'의 내용을 완성하면서 삶의 모든 순간을 스스로 자아통합을 하게 한다. 자아통합을 이룬 학습자는 감사로 고백하는 표현 활동을 통해 학습의 성취 여부를 형성 평가하도록 설계되어 있다.

또한, 1~7회기는 생애주기 주제와 관련한 성경 인물의 이야기를 듣고, 다양한 예술 활동 중 원예, 음악, 미술, 체조 활동을 하면서 내면의 이야기를 표현할 수 있게 구성되어 있다.

마지막 8회기는 학습의 마무리 활동으로 자아통합과 관련된 감동적인 음악을 들으며 스스로 자아를 통합하는 시간을 갖게 한다.

(2) 전문가 타당성 검증

구성된 프로그램의 전문가에게 내용을 중심으로 내용 타당도를 알아보기 위한 설문지를 제작하여 실시하였다.

프로그램의 타당도와 유용성을 검증하기 위해 기독교 교육 전문가 1인, 교육공학 전문가 1인, 노인 목회 목회자 1인 총 3인으로 구성하여 평가를 의뢰하였다. 설문지 배포는 전문가들에게 전자메일을 이용하여 평가를 의뢰하고 평가방법을 설명한 후, 프로그램의 내용 타당도와 유용성 평가를 메일로 회신 받아 내용을 수정, 보완하여 프로그램을 제작하였다.

(3) 최종 프로그램 개발

최종 프로그램은 회차별 학습지도안을 작성하여 프로그램 실제를 제시하는 것으로 한다.

2. 자아통합을 위한 교회교육 프로그램 학습지도안

본 프로그램은 자신의 생애주기를 회상하면서 하나님 안에서 자아통합을 성취하는 것을 목적으로 한다.

교육 목표는 학습의 심리적인 측면에서 지, 정, 의 세 부분으로 구분하여 기술하였으나, 한 회기 안에 모든 교육목표를 기술함으로써 지식을 아는 것에서 시작하여, 감화되고, 행동 반응적으로 실천하는 것을 목표로 설정하였다.

총 8회기에 걸쳐 학습자는 탄생, 청년, 결혼, 임신, 출산, 고난, 죽음, 마무리 생애주기를 주제로 활동한다. 자아통합 인식전환 활동을 통해 자신의 생애주기 안에서 인식한 하나님과 인식하지 못했지만 늘 함께하신 하나님을 발견함으로써 삶의 모든 순간에 하나님이 동행하셨음을 깨닫고, 기독 노인으로서 하나님 안에서 자아통합을 성취하는 것을 목표로 한다. 자아통합을 성취한 자는 하나님을 아는 지혜를 획득하게 된다.

회차별 구성내용은 <표-6>에 명시하였으며, 구체적인 학습 활동 내용은 회차별 학습지도안으로 제시한다.

[1회기] 나의 탄생 학습지도안

- 생애주기: 나의 탄생
- 학습 목표
  - 지: 하나님이 나를 만드셨음을 안다.
  - 정: 하나님이 나의 태어남을 기뻐하셨음을 깨닫는다.
  - 의: 나의 태어남에 하나님이 함께하셨음을 고백한다.
- 성경 말씀: 창세기 1장 전체

1. 도입 인사 (5분)

기도로 오늘 청춘대학을 시작하겠습니다 (인도자가 대표로 기도한다).
서로 인사하는 시간을 갖겠습니다.

2. 건강체조 (10분)

* 손가락 체조
  ① 오른손을 구령에 맞추어 주먹 쥐고, 주먹 펴기를 한다.
  ② 구령에 맞추어 왼손을 주먹 쥐고, 주먹 펴기를 한다.
  ③ 양 손가락 끝을 서로 맞대어 손끝박수를 한다.
  ④ 오른손을 갈고리처럼 구부려서 정수리를 두드리며 마사지한다.
  ※ (건강 상식) 말초 신경인 손가락의 혈액 순환을 도와주는 활동으로

노인에게 혈관 건강의 중요성을 가르치고, 상기시켜 준다.

3. 음악 활동 (10분)

음악에 맞추어 음률 활동을 한다.
① 일소일소 일노일노 (3분, 제주특별자치도 광역치매센터 치매 예방 체조)
② 내 안에 부어 주소서 (3분, 리조이스)
③ 천국은 마치 (3분)
④ 앗싸! 힘을 내요 (3분)

4. 지혜 성경 이야기 (10분)

여러분은 '하나님의 형상'으로 창조되었습니다.

11월이 되었습니다. 이제 월동 준비를 해야겠지요. 그중 가장 큰 일이 바로 김장입니다. 김장까지 마치면 1년 농사는 마치게 됩니다.

김장할 때 어떤 계획을 하시나요?

김장 전날까지는 마늘, 생강을 까고, 김장 첫날엔 배추를 절이시죠. 둘째 날엔 배추를 씻고, 속 재료를 준비하고, 열심히 김치를 만드시면 김장이 마칩니다.

이렇게 우리가 어떤 일을 준비할 때 계획을 세우고, 어떻게 이것들을 이룰 수 있을지 생각하고 결과물을 예상하게 됩니다. 하나님도 마찬가지입니다. 하나님께서 우주 만물을 창조하시고 하나님의 질서 안에 모든 것을 두셨습니다. 하나님은 인간을 창조하실 때 동물과 다르게 '하나님의 형상'을 따라 창조하셨습니다. 우리에게는 하나님의 형상이 내재되어 있습니다.

하나님은 우리 인간을 당신의 형상대로 만드시고 원하는 계획을 가지고 계셨습니다. 하나님은 인간과 좋은 관계를 유지하시면서 각자의 삶에 그분을 초대하기를 바라십니다.

우리 삶 속에 들어오셔서 하나님은 우리와 관계를 맺으시며, 공동체를 이루고 싶어하십니다. 이것이 하나님께서 인간을 만드신 목적이며, 이유입니다. 하나님은 우리가 인생을 살면서 하나님을 만나기를 간절히 원하십니다. 이것이 우리를 향한 하나님의 마음입니다.

우리 인생에 찾아오신 하나님을 차근차근 찾아볼까요?

5. 미술 활동 (20분)

* 활동명: 에코백 채색하기
  - 준비물: 에코백, 페브릭 사인펜
  - 활동 방법: 준비된 에코백에 자유롭게 채색하여 자기만의 가방을 만든다.
* 에코백은 프로그램이 진행되는 동안 교육 교재 가방으로 사용된다.

6. 자아통합 인식전환 (5분)

① 나를 소개하는 문장을 완성한다.
② 모두 앞에서 완성된 문장을 읽으며 자기소개한다.
③ 임마누엘스티커: 내가 태어났을 때 하나님이 함께하셨음을 설명하는 스티커를 붙이고, 스스로 자아통합의 사고를 갖는다.

7. 평가 및 마무리 (5분)

오늘 청춘대학 어떠셨나요?

하나님이 창조하신 세상의 창조물들은 저마다 처음, 시작이라는 시간을 보냅니다. 오늘은 우리 집사님, 권사님들의 태어난 날을 회상하며, 각자의 처음 시작을 이야기해 보는 시간을 가졌습니다.

오늘의 활동 중에서 가장 중요하고 기억해야 할 것은 내가 태어나던 날 하나님이 나와 함께하셨다는 것입니다. 하나님이 내가 태어나는 것을 바라보시며 몹시 기뻐하셨습니다. 우리 집사님 권사님들이 이 땅에 태어난 것은 그 자체로 축복입니다.

우리가 활동하는 이 프로그램은 몹시 어려운 것이 아니니 너무 걱정하지 마시고, 즐겁고, 재미있을 것이라는 기대하고 오시면 좋겠습니다. 다음 차시에 대한 기대를 하고 귀가합니다.

[2회기] 나의 청년 학습지도안

- 생애주기: 나의 청년
- 학습 목표
  - 지: 구약성경의 아브라함에게 나타난 하나님의 이야기를 듣는다.
  - 정: 하나님이 나의 성장기에 예뻐하셨음을 깨닫는다.
  - 의: 나의 청년 시기에 하나님이 함께하셨음을 고백한다.
- 성경 말씀: 창세기 12장

1. 도입 인사 (5분)

기도로 오늘 청춘대학을 시작하겠습니다 (인도자가 대표로 기도한다).
서로 인사하는 시간을 갖겠습니다.

2. 건강체조 (10분)

* 안면 구강 운동 체조
① 손바닥을 10번 비빈 후 따뜻해진 손을 눈에 지긋이 댄다.
② 관자놀이에 검지와 중지를 대고, 앞으로 4번, 뒤로 4번 뱅글뱅글 마사지한다.
③ 턱뼈 부분에 검지와 중지를 대고 앞으로 4번, 뒤로 4번 뱅글뱅글 마사지한다.

④ 입으로 아, 에, 이, 오, 우 발음을 크게하며 입 주변 근육을 스트레칭한다.
⑤ 입을 크게 벌리고 다물며, 씹는 동작을 4번 한다.
※ (건강 상식) 노년 건강에서 중요한 것은 바로 충분한 영양 섭취입니다. 음식을 먹는데 중요한 것은 바로 안면 구강 기능입니다. 간단한 안면 구강 체조로 건강해지시는 권사님들 되세요.

3. 음악 활동 (10분)

* 음악에 맞추어 음률 활동을 한다.
① 일소일소 일노일노 (3분, 제주특별자치도 광역치매센터 치매 예방 체조)
② 내 안에 부어 주소서 (3분, 리조이스)
③ 천국은 마치 (3분)
④ 앗싸! 힘을 내요 (3분)

4. 지혜 성경 이야기 (10분)

* 아브라함의 하나님
 Q. 성경 속에 나오는 믿음의 조상은 누구일까요?
 A. 아브라함.

그렇습니다.
아브라함은 믿음의 조상으로 불리는 사람입니다.
아브라함은 어떻게 믿음의 조상이 되었을까요?

아브라함은 본래 '갈대아 우르'에서 태어난 사람입니다. 그런 아브라함에게 하나님이 나타나셔서 "너는 본토 친척 아비 집을 떠나 내가 네게 지시할 땅으로 가라"라고 말씀하십니다(창 12:1).

자신의 고향을 떠나간다는 것은 '독립'을 의미합니다. 하나님은 아브라함을 부모로부터의 독립을 시키시고, 하나님이 친히 그의 인생에 관여하시며, 그를 보호하며 인도하시겠다는 하나님의 뜻을 전달한 것입니다. 그리고 아브라함은 하나님의 말씀에 순종하여 독립의 길을 떠납니다.

아브라함에게는 이렇게 순종할 수 있는 용기가 어디에서 났을까요?

그는 하나님께 약속의 말씀을 받고, 철저하게 그것이 이루어지리라는 믿음이 있었기에 그의 발걸음을 옮길 수 있었습니다.

창세기 12장 2절에는 하나님께서 아브라함에게 하신 4가지 약속이 나와 있습니다.

1) 내가 너로 큰 민족이 되게 하고
2) 너에게 복을 주어
3) 네 이름을 창대하게 하며
4) 너는 복의 근원이 될 것이다

이 말씀을 믿고, 평생 하나님을 의지하며 살아간 아브라함이 인생의 결말에 지난 일을 돌아보니, 정말 하나님께서 약속하신 말씀대로 모두 이루어졌습니다.

오늘 이 말씀을 나에게 주시는 말씀으로 받으면, 그 말씀이 오늘 나에게도 동일하게 이루어질 것입니다. 그것이 하나님 말씀의 능력입니다. 여러분은 각자의 집안의 "복의 근원"이십니다.

이제 여러분은 하나님의 복의 근원으로서 자녀들에게 끊임없이 알려주셔야 할 사명이 있음을 알려 드립니다.

5. 원예 활동 (20분)

　* 활동명 : 맥문동 화분 만들기
　* 준비물 : 맥문동, 화분, 상토
　* 활동순서
　① 화분을 준비한다.
　② 깔망을 깐다.
　③ 배수층 휴가토를 넣는다.
　④ 상토를 한주먹 넣는다.
　⑤ 맥문동 모종을 넣어 자리를 잡는다.
　⑥ 상토로 빈 곳을 채운다.
　⑦ 마사토로 마감을 한다.

　* 의미 부여 : 맥문동은 사계절을 나는 화초입니다. 이 화초를 키우면서 하루하루 어떻게 자라는지 관찰하며 물을 주시면 됩니다. 맥문동은 가장 더운 8월에 보랏빛 꽃을 피웁니다. 이 꽃이 피기까지 물 주며, 관찰하며, 보호하시는 여러분 되시기 바랍니다.
　우리가 화초를 키우듯 우리의 삶에도 하나님의 보호하심이 있습니다. 하나님의 보호 속에 예쁘게 꽃피우시는 여러분 되시기 바랍니다.

6. 자아통합 인식전환(5분)

　① 가장 예뻤던 성장기 사진을 붙이고, 소개하는 글을 완성한다.
　② 모두 앞에서 완성된 문장을 읽으며 자기를 소개한다.
　③ 임마누엘스티커 : 성장기 때 하나님이 함께하셨고, 나를 매우 예뻐해 주셨음을 고백하고, 스스로 자아통합의 사고를 갖는다.

7. 평가 및 마무리

　오늘 청춘대학 어떠셨나요?

　옛 사진을 꺼내어 우리에게 가장 예뻤던 시절을 돌아보고, 하나님이 함께하셨던 순간을 기억해 보았습니다.

　여러분의 젊은 시절 사진으로 보니 어떠신가요?

　참 예뻤던 시절입니다. 그 시절 하나님이 함께 계셨어요.

　다음에는 어떤 추억을 소환할지 기대하고 귀가하겠습니다.

[3회기] 나의 결혼 학습지도안

- 생애주기: 나의 결혼
- 학습 목표
  - 지: 구약성경의 이삭에게 나타난 하나님의 이야기를 듣는다.
  - 정: 하나님이 나의 결혼을 기뻐하셨음을 깨닫는다.
  - 의: 나의 결혼에 하나님이 함께하셨음을 고백한다.
- 성경 말씀: 창세기 24장

1. 도입 인사 (5분)

기도로 오늘 청춘대학을 시작하겠습니다 (인도자가 대표로 기도한다).
서로 인사하는 시간을 갖겠습니다.

2. 건강체조 (10분)

* 치매 예방 박수
  ① 주먹 쥐고 박수 4번
  ② 손가락 끝 박수 4번
  ③ 손바닥 박수 4번
  ④ 손목 박수 4번

※ (건강 상식) 노인성 치매에 대해 인지하고, 예방을 위해 말초 신경을 자극하는 운동을 권면한다.

3. 음악 활동 (10분)

음악에 맞추어 음률 활동을 한다.
① 일소일소 일노일노 (3분, 제주특별자치도 광역치매센터 치매 예방 체조)
② 내 안에 부어 주소서 (3분, 리조이스)
③ 천국은 마치 (3분)
④ 앗싸! 힘을 내요 (3분)

4. 지혜 성경 이야기 (10분)

* 이삭의 하나님

이삭은 아브라함이 100세가 되던 해에 태어난 아들입니다 (창 21:5).

이삭이 장성하였을 때 아브라함은 종에게 일러 가나안 족속의 여인이, 아닌 아브라함의 고향, 곧 자신의 동족에게 가서 이삭의 아내 될 여인을 데려오라고 명합니다 (창 24:4).

아브라함의 종은 주인의 아들인 이삭의 아내 될 여인을 데리러 가는 일명 "결혼원정대"가 되어 이삭의 결혼을 위해 길을 떠납니다. 인간의 사고로는 참 알 수 없는 길을 떠납니다.

가다가 사고를 당하지는 않을까?
도착해서 과연 이삭의 배필이 될 여인을 만날 수 있을까?
만나더라도 여인의 가족이 허락하지 않으면 어떻게 행해야 하나?

많은 생각, 고민, 두려움 등 여러 가지 마음이 들었을 것 같습니다. 그러나 우리의 걱정은 걱정일 뿐, 아브라함은 종을 보낼 때 "내가 섬기는 여호와께서 그의 사자를 너와 함께 보내어 네게 평탄한 길을 주시리니"라고 하면서 확신에 찬 말씀을 전달했습니다.

과연 하나님은 종이 우물가에서 순탄하게 리브가를 만나게 하셨고, 리브가의 가족은 흔쾌히 아브라함에게 데려가라고 허락합니다(창 24:51). 리브가는 부모의 가정을 떠나 아브라함의 가정으로 시집을 오게 되었습니다.

이삭은 저물 때 들에 나가 묵상을 하다 낙타들이 오는 것을 보고, 종이 돌아오는 것을 직감하였습니다(창 24:63). 종이 그 행한 모든 일을 말하고, 이삭이 리브가를 인도하여, 아내로 맞이하게 됩니다.

이삭은 리브가를 아내로 맞이하고 사랑하였습니다. 또한, 이삭은 어머니가 돌아가신 후에 리브가를 통해 많은 위로를 받았다고 합니다.

여러분의 결혼은 어떠하셨나요?

결혼의 시작, 결혼 후의 가정생활은 어떠했고, 어떤 의미가 있을까요?

여러분이 결혼했던 그때로 돌아가서 어떤 모습이며, 의미였는지 스스로 생각해 보는 시간이 되셨으면 합니다.

5. 미술, 원예 활동 (20분)

1) 족두리 꾸미기

* 준비물: 상자, 색종이, 스팡클, 고무줄, 가위, 풀

2) 들꽃부케

* 준비물: 들꽃, 철끈, 리본, 꽃가위
① 주변에서 볼 수 있는 들꽃을 꺾어 온다.
② 자유롭게 다발을 만들고, 리본으로 묶는다.

3) 족두리와 부케를 들고 신부 사진을 찍는다.

6. 자아통합 인식전환 (5분)

① 결혼을 회상하며, 신랑을 소개하는 글을 완성한다.
② 모두 앞에서 완성된 문장을 읽으며 자신의 신랑을 소개한다.
③ 임마누엘스티커: 내가 결혼할 때 하나님이 함께하셨고, 나의 가정을 이루어 주셨음을 고백하고, 스스로 자아통합의 사고를 갖는다.

7. 평가 및 마무리 (5분)

오늘 청춘대학 어떠셨나요?
오늘은 각자 결혼을 했을 때를 생각하며, 예쁜 신랑과 신부가 되어 보았습니다.
이삭의 하나님이 그러하셨던 것처럼 내가 결혼할 때 하나님이 그 여정 가운데 함께하셨습니다.
그 하나님을 기억하며, 다음주에 어떠한 추억을 소환할지 기대하며 귀가하겠습니다.

[4회기] 나의 임신 학습지도안

- 생애주기: 나의 임신
- 학습 목표
  - 지: 구약성경의 야곱에게 나타난 하나님의 이야기를 듣는다.
  - 정: 하나님이 나의 임신을 기뻐하셨음을 깨닫는다.
  - 의: 나의 임신의 모든 과정에 하나님이 함께하셨음을 고백한다.
- 성경 말씀: 창세기 25장

1. 도입 인사 (5분)

기도로 오늘 청춘대학을 시작하겠습니다 (인도자가 대표로 기도한다).
서로 인사하는 시간을 갖겠습니다.

2. 건강체조 (10분)

* 하지 근육 강화
① 의자에 앉아, 두 손을 지지한다.
② 오른쪽 다리를 올려 꼬는 자세를 한다.
③ 완전히 꼬지 말고, 꼬기 직전에 푼다.
④ 왼쪽 다리도 똑같이 운동한다.

※ (건강 상식) 노인에게 하지 근육 건강의 인대와 근육 강화의 중요성을 가르치고, 상기시켜 준다.

3. 음악 활동 (10분)

음악에 맞추어 음률 활동을 한다.
① 일소일소 일노일노 (3분, 제주특별자치도 광역치매센터 치매 예방 체조)
② 내 안에 부어 주소서 (3분, 리조이스)
③ 천국은 마치 (3분)
④ 앗싸! 힘을 내요 (3분)

4. 지혜 성경 이야기 (10분)

* 야곱의 하나님

이삭이 리브가를 만나 결혼을 하고, 임신하였습니다. 리브가는 에서와 야곱, 아들 쌍둥이를 낳았습니다.

이삭은 에서를 사랑하고, 리브가는 야곱을 사랑하였습니다. 이삭이 눈이 어둡고, 노인이 되어 죽을 날이 가까워짐을 알고, 죽기 전에 마음껏 축복하고자 하여 아들 에서를 불러 들에 나가 자신이 즐기던 별미를 요리해 오기를 부탁합니다. 이 이야기를 들은 리브가는 에서가 들에 나간 사이 급히 요리하여 에서 대신 야곱을 이삭에게 보내 장자의 축복을 받게 합니다.

뒤늦게 돌아온 에서가 이 사실을 알고, 장자의 축복을 가로챈 동생 야곱을 심히 미워하여 죽이려 하자, 리브가는 한 날에 두 아들을 잃을 수 없으니 라반의 집으로 도피하라고 일러줍니다.

이에 야곱은 화가 난 에서를 피해 요단강을 건너 삼촌의 집으로 가게 됩니다. 라반 삼촌의 집에 딸이 두 명이 있었는데, 야곱은 그중 라헬을 사랑하게 되어 결혼을 약속받고, 삼촌의 집에서 7년을 일하게 되었습니다. 라헬을 사랑한 야곱은 그 7년을 수 일처럼 여기며 시간을 보냈습니다.

그런데 이상하게도 삼촌은 야곱과의 약속을 번번이 어기며 야곱의 마음을 어렵게 했습니다. 야곱의 삯을 계산할 때도 라반은 상식으로 이해가 되지 않는 셈법으로 야곱의 마음을 어렵게 했습니다.

이 모든 것을 누가 보고 계셨을까요?

바로 하나님입니다. "꿈에 하나님의 사자가 내게 말씀하시기를 야곱아 하시며, 라반이 네게 행한 모든 것을 내가 보았노라"하시며, 하나님은 라반이 생각할 수 없는 일로 야곱의 삯을 결정해 주셨습니다.

이제 야곱은 고향으로 가려고 합니다. 고향으로 가며 자신의 세간을 돌아보니 아내가 2명, 자녀가 12명이 되었습니다. 소떼, 양떼를 보니 그의 재산이 매우 많아졌습니다. 그래서 야곱은 "내가 내 지팡이만 가지고 이 요단을 건넜더니 지금은 두 떼나 이루었나이다" (창 32:10) 라고 고백합니다.

아버지로부터 장자의 축복을 뺏어 받기는 했지만, 그는 큰 민족을 이루고, 하나님을 견고히 믿는 자가 되어 고향으로 돌아오게 됩니다. 돌아오는 길에 혹시나 형 에서가 자신을 해치지는 않을까 걱정하며 왔으나, 이 또한 하나님은 그분의 방식대로 모두 해결해 놓으시고, 걱정과 두려움으로 대면하려 했던 형과의 만남을 화해의 순간으로 만드셨습니다. 모든 것이 하나님의 손에 있게 하신 것입니다.

야곱의 인생은 조금 억울한 듯했지만, 하나님은 이 모든 것을 다 알고 계셨고, 그의 인생을 하나님의 뜻대로 이끌어 주셨습니다.

5. 미술 활동 (20분)

* 아크릴 풍경 그림
* 준비물: 캔버스, 아크릴 물감, 붓, 면봉
① 배경색을 칠한다.
② 면봉으로 꽃봉오리를 표현한다.
③ 붓으로 마무리를 한다.

6. 자아통합 인식전환(5분)

① 나의 임신을 회상하며, 자녀를 소개하는 글을 완성한다.
또한, 임신했을 때 못 먹은 음식, 먹은 음식 등 사연 있는 음식을 회상하며 작성한다.
② 모두 앞에서 완성된 문장을 읽으며 자녀 소개를 한다.
③ 임마누엘스티커: 내가 임신했을 때 하나님이 함께하셨고, 나의 가정을 이루어 주셨음을 고백하고, 스스로 자아통합의 사고를 갖는다.

7. 평가 및 마무리

오늘 청춘대학 어떠셨나요?
우리 인생의 모든 순간 하나님이 함께 계셨고, 계십니다.
여러분이 임신하셨을 때, 누구보다 기뻐하시고, 건강한 아이를 낳고, 여러분이 건강하시길 간절함으로 함께 기도하며 기다리고 기대하신 분이 계십니다.

누구이실까요?

네, 바로 하나님이십니다.

다음에는 우리 생에 어떤 하나님이 기다리시는지 기대하고, 귀가하시겠습니다.

[5회기] 나의 출산 학습지도안

- 생애주기: 나의 출산
- 학습 목표
  - 지: 구약성경의 한나에게 나타난 하나님의 이야기를 듣는다.
  - 정: 하나님이 나의 출산을 기뻐하셨음을 깨닫는다.
  - 의: 나의 출산의 모든 과정에 하나님이 함께하셨음을 고백한다.
- 성경 말씀: 사무엘상 1장

1. 도입 인사 (5분)

기도로 오늘 청춘대학을 시작하겠습니다(인도자가 대표로 기도한다).
서로 인사하는 시간을 갖겠습니다.

2. 건강체조 (10분)

* 손가락 체조
  ① 오른손을 구령에 맞추어 주먹 쥐고, 주먹 펴기를 한다.
  ② 구령에 맞추어 왼손을 주먹 쥐고, 주먹 펴기를 한다.
  ③ 양 손가락 끝을 서로 맞대어 손끝박수를 한다.
  ④ 오른손을 갈고리처럼 구부려서 정수리를 두드리며 마사지한다.

※ (건강 상식) 말초 신경인 손가락의 혈액 순환을 도와주는 활동으로 노인에게 혈관 건강의 중요성을 가르치고, 상기시켜 준다.

3. 음악 활동 (10분)

* 음악에 맞추어 음률 활동을 한다.
① 일소일소 일노일노 (3분, 제주특별자치도 광역치매센터 치매 예방 체조)
② 내 안에 부어 주소서 (3분, 리조이스)
③ 천국은 마치 (3분)
④ 앗싸! 힘을 내요 (3분)

4. 지혜 성경 이야기 (10분)

* 한나의 하나님

에브라임 사람 엘가나의 집안에 두 아내가 있었습니다. 브닌나와 한나입니다. 브닌나에게는 자녀가 있었으나, 한나는 자녀가 없었습니다. 브닌나는 임신하지 못하는 한나를 늘 격분하게 하여 마음을 괴롭게 하였습니다.

남편 엘가나는 한나를 참으로 사랑해서 열 아들보다도 나은 남편이 되고자, 한나에게 마음을 표현하였습니다. 또한, 제물의 분깃을 나누어 줄 때도 가족 모두에게 나눠주고, 한나에게는 갑절을 주었습니다.

그러나 그것으로 한나의 마음을 위로할 수 없었습니다. 그녀는 무엇보다 자녀를 갖고 싶었습니다. 한나는 자녀를 낳지 못하는 자신의 상황에 마음이 괴로워서 금식하며 여호와께 통곡하며 기도하였습니다. 그녀는 자신에게 아들을 주시면 "내가 그의 평생에 그를 여호와께 드리고 삭도를 그의 머리에 대지 않겠노라"는 서원 기도를 하게 됩니다 (삼상 1:10-11). 이를 본 성전의 엘리 제사장은 "평안히 가라, 이스라엘의 하나님이 네가 기도하여 구한 것을 허락하시기를 원하노라"라고 말하며, 한나를 집으로 돌려보냅니다.

한나는 자신의 기도 제목과 엘리 제사장의 말을 믿음으로 받고 하나님이 이루어 주실 것을 믿고 금식을 폐하고, 다시는 그 얼굴에서 근심 빛을 가지지 않았습니다. 자신의 억울함과 간절히 원하는 것이 이루어질 것을 확신하였기에 그녀의 얼굴에 평안함이 깃들 수 있었습니다.

후에 엘가나와 동침할 때에 하나님께서 한나를 돌아보시고 잉태하게 하여 주셨습니다. 한나의 아들 이름은 "사무엘"입니다. 이스라엘 사람들이 아주 자랑스럽게 생각하는 최고의 제사장입니다.

인생을 살다 보면 나 혼자 열심히 해서 되는 일도 있지만, 혼자 열심히 한다고 해도 이루어지지 않는 것들이 있습니다. 여러분 인생의 무수히 많은 발걸음 속에 이룬 것과 이루지 않는 것들이 있지만, 이 모든 것을 하나님 안에서 만족히 여기는 믿음이 필요합니다.

이루신 것도 하나님의 것이고, 이루지 않으신 것도 하나님의 것임을 믿고, 그렇게 된 것이 나에게 더 이로운 선택이었음을 고백하는 여러분 되시기를 바랍니다.

5. 미술 활동 (20분)

* 아크릴 꽃 그림
* 준비물: 캔버스, 아크릴 물감, 붓, 면봉
① 배경색을 칠한다.
② 붓을 꽃잎을 그린다.
③ 면봉으로 꽃 수술을 표현한다.

④ 붓으로 잎을 표현한다.

6. 자아통합 인식전환(5분)

① 나의 출산 과정을 회상하며, 자녀를 소개하는 글을 완성한다.
② 모두 앞에서 완성된 문장을 읽으며 자기 신랑 소개를 한다.
③ 임마누엘스티커: 내가 출산할 때 하나님이 함께하셨고, 나의 가정을 이루어 주셨음을 고백하고, 스스로 자아통합의 사고를 갖는다.

7. 평가 및 마무리

오늘 청춘대학 어떠셨나요?
오늘은 각자 자녀를 낳았을 때를 생각해 보았습니다.
한나의 하나님이 그러하셨던 것처럼, 내가 임신하고 출산할 때 하나님이 함께하셨습니다. 그런 과정 안에서 귀한 가정을 이루어 가는 것을 보시며 기뻐하셨습니다.
한나의 삶에 하나님이 그러하셨듯이 여러분의 삶을 향한 하나님의 마음도 그와 동일한 마음이었습니다.
여러분도 그렇게 여겨지시나요?
그 하나님을 기억하며, 다음주에 어떠한 추억을 소환할지 기대하며 귀가하겠습니다.

[6회기] 나의 고난 학습지도안

- 생애주기: 나의 고난
- 학습 목표
  - 지: 구약성경의 욥에게 나타난 하나님의 이야기를 듣는다.
  - 정: 하나님이 나의 고난 중에 동일하게 함께 아파하셨음을 안다.
  - 의: 나의 고난 가운데에도 하나님이 함께하셨음을 고백한다.
- 성경 말씀: 욥기 1장

1. 도입 인사 (5분)

기도로 오늘 청춘대학을 시작하겠습니다(인도자가 대표로 기도한다).
서로 인사하는 시간을 갖겠습니다.

2. 건강체조 (10분)

* 하지 근육 강화
① 의자에 앉아, 두 손을 지지한다.
② 오른쪽 다리를 올려 꼬는 자세를 한다.
③ 완전히 꼬지 말고, 꼬기 직전에 푼다.
④ 왼쪽 다리도 똑같이 운동한다.

※ (건강 상식) 노인에게 하지 근육 건강의 인대와 근육 강화의 중요
성을 가르치고, 상기시켜 준다.

3. 음악 활동 (10분)

음악에 맞추어 음률 활동을 한다.
① 일소일소 일노일노 (3분, 제주특별자치도 광역치매센터 치매 예방 체조)
② 내 안에 부어 주소서 (3분, 리조이스)
③ 천국은 마치 (3분)
④ 앗싸! 힘을 내요 (3분)

4. 지혜 성경 이야기 (10분)

* 욥의 하나님

우스 땅에 "욥"이라는 사람이 살고 있었습니다. 그는 온전하고 정직하여 하나님을 경외하며 악에서 떠난 사람이었습니다. 그에게는 아들 일곱과 딸 셋이 있었고, 그의 소유물은 양이 칠천 마리, 낙타가 삼천 마리, 소가 오백 겨리, 암나귀가 오백 마리며, 종도 많이 있었습니다. 사람들은 그를 동방 사람 중에 가장 훌륭한 자라고 생각했습니다.

하나님 앞에 온전하고, 자녀와 재물이 충만하여 근방의 모든 사람의 존경과 부러움을 한 몸에 받고 있던 욥에게 이유를 알 수 없는 고난이 닥쳐옵니다.

욥이 여느 날과 같이 평안히 있을 때, 갑자기 종이 나타나 이르기를 소는 밭을 갈고, 나귀는 그 옆에서 풀을 먹는데 스바 사람들이 나타나 종들을 죽이고, 노략질하여 갔다는 것입니다. 또한, 사람이 찾아와 갑

자기 하늘에서 불이 떨어져 양과 종들이 타버렸다고 합니다. 또 한 종이 찾아와 갈대아 사람이 떼를 나누어 갑자기 낙타를 뺏고, 종들을 죽였다고 합니다. 평안히 식사하고 있던 욥은 갑자기 자신의 소, 나귀, 낙타 그리고 종들을 한순간에 잃어버렸습니다.

욥의 충격이 얼마나 컸을까요?

아마도 심장이 두근거려서 숨을 제대로 쉴 수 없을 만큼 많이 놀랐을 것입니다. 그런데 또다시 종이 찾아와 맏아들의 집에서 음식을 먹고 있을 때, 갑자기 바람이 와서 집이 무너져 욥의 자녀들이 죽었다는 소식을 전합니다. 이에 욥은 겉옷을 찢고 머리털을 밀고 땅에 엎드려 하나님께 예배를 드립니다.

얼마나 애통하면 겉옷을 찢고, 머리털을 밀었을까요?

한순간에 모든 재산과 자녀를 잃었으니 그 아픔은 이루어 말할 수 없을 것입니다.

욥은 아마도 우리와 같은 성정을 가졌기에 아주 많은 고민과 생각을 했을 것입니다. 그리고 이 고난이 왜 생겨났는가, 어디서 왔는가 등등 무수히 많은 고민을 하였을 것입니다.

이 모든 고민을 마친 욥은 고백합니다.

> 내가 모태에서 알몸으로 나왔사온즉 또한 알몸이 그리로 돌아가 올지라 주신 이도 여호와시오. 거두신 이도 여호와시오니 여호와의 이름이 찬송을 받으실지니이다 (욥 1:21).

욥은 이후로도 끊임없는 번뇌와 고난의 삶을 삽니다. 이러한 욥의 모습을 보시고 하나님은 욥의 곤경을 돌이키시고, 이전의 모든 소유보다 갑절을 하나님께서 주셨습니다 (욥 42:10).

욥은 인간으로서 견디기 힘든 고통과 시련에도 끝까지 하나님에 대한 신앙을 지켰습니다. 이처럼 우리도 인생 가운데 고난이 있을지라도 하나님에 대한 믿음을 굳게 가지고, 원망하지 말아야 할 것입니다. 하나님께서는 욥의 인생의 곤경을 돌아보신 것처럼 우리의 인생도 돌아보고 계십니다.

5. 원예 활동 (20분)

* 리스 만들기
* 준비물: 리스틀, 모루, 조화 꽃, 솔방울, 글루건,
① 리스틀에 모루를 감는다.
② 글루건으로 장식을 꾸민다.
③ 고리를 단다.

6. 자아통합 인식전환(5분)

① 나의 좌절을 회상하며, 좌절을 이겨낸 방법을 소개하는 글을 완성한다.
② 모두 앞에서 완성된 문장을 읽으며 자기 이야기를 소개한다.
③ 임마누엘스티커: 내가 고난 가운데 고통받고 있을 때 하나님이 함께하셨고, 나의 고난의 순간에도 중보하셨음을 알고, 스스로 자아통합의 사고를 갖는다.

7. 평가 및 마무리

오늘 청춘대학 어떠셨나요?

우리 인생의 모든 순간 하나님이 함께 계셨고, 지금도 함께하고 계십니다.

우리 인생이 즐겁고, 때로는 어렵기도 하지만 언제나 함께하시는 하나님이 보호하고 계십니다.

여러분도 그렇게 생각하시나요?

언제나 하나님이 보호하심을 기대하고, 귀가하시겠습니다.

다음 차시에 대한 기대감을 갖고 귀가합니다.

[7회기] 나의 미래 학습지도안

- 생애주기: 나의 미래 (죽음, 천국 이사 준비)
- 학습 목표
  - 지: 신약성경의 안나에게 나타난 하나님의 이야기를 듣는다.
  - 정: 하나님이 나의 천국 입성을 기뻐하실 것을 안다.
  - 의: 죽음 후의 천국 이사에 하나님이 함께하실 것을 고백한다.
- 성경 말씀: 누가복음 2장 28절

1. 도입 인사 (5분)

기도로 오늘 청춘대학을 시작하겠습니다 (인도자가 대표로 기도한다).
서로 인사하는 시간을 갖겠습니다.

2. 건강체조 (10분)

* 전신 체조
  ① 손가락 체조
  ② 안면 구강 운동
  ③ 치매 예방 박수
  ④ 하지 근육 강화

※ (건강 상식) 전신 체조 활동으로 노인에게 건강의 중요성을 가르치고, 상기시켜 준다.

3. 음악 활동 (10분)

* 음악에 맞추어 음률 활동을 한다.
① 일소일소 일노일노 (3분, 제주특별자치도 광역치매센터 치매 예방 체조)
② 내 안에 부어 주소서 (3분, 리조이스)
③ 천국은 마치 (3분)
④ 앗싸! 힘을 내요 (3분)

4. 지혜 성경 이야기 (10분)

누가복음에 시므온과 안나 선지자의 이야기가 나옵니다.
시므온은 예수님의 탄생을 보며, 메시아를 기다린 인물로 성육신하신 하나님을 보는 것이 인생의 사명이었음을 고백합니다.

> 그가 주의 그리스도를 보기 전에는 죽지 아니하리라 하는 성령의 지시를 받았더니 (눅 2:26).

안나는 결혼하고 7년 만에 남편이 사망하고, 과부로 84년을 지낸 것으로 성경은 말하고 있으므로, 결혼 이전의 나이를 추정하지 않더라도 91세 이상의 노인이었습니다. 메시아 대망은 유대인들의 신앙의 핵심입니다. 그녀는 예수님의 탄생을 보고 메시아를 기다리는 사람들에게 탄생을 알리는 자의 역할을 감당했습니다 (눅 2:38). 시므온과 안나를 통해 인류는 기다리던 메시아의 탄생을 알게 되었습니다.

두 사람의 이야기는 노년에 인생의 사명을 이룰 수 있음을 알려 줍니다. 노년의 삶이었지만 그들은 하나님 앞에서의 사명을 완주함으로써 활력 있고, 생산성 있는 인간의 면모를 보여 주었습니다.

시므온과 안나처럼 하나님께서 나의 일생에 원하셨던 일은 무엇이었을까요?

이제 앞으로 남은 인생의 여정에서 하나님께서 원하시는 것은 무엇일까요?

사회에서는 나이가 많은 어르신들을 조금은 불편하고, 생산성이 없는 사람으로 생각하지만, 하나님 앞에서 우리 인생은 한번도 의미가 없거나, 생산성이 없는 날은 없습니다.

그리고 지금도 여러분은 충분히 잘하고 계십니다.

옆에 계신 분들을 격려해 볼까요?

"잘하고 있어"라고 말해 주세요.

서로서로 응원하는 여러분 되시기를 바랍니다.

5. 미술 활동 (20분)

* 복음 팔찌 만들기
* 준비물: 구슬, 끈

스토리를 생각하며 구슬을 꿴다.

① 검정: 인간은 죄인입니다.
② 빨강: 오직 예수님의 보혈로 그 죄를 씻습니다.
③ 하양: 보혈로 정결해진 우리는 죄인이 아닙니다.
④ 초록: 예수님으로 우린 구원을 얻습니다.
⑤ 황금: 우리는 천국의 사람입니다.

6. 자아통합 인식전환(5분)

① 나의 미래 이사를 생각하며 소개하는 글을 완성한다.
② 모두 앞에서 완성된 문장을 읽으며 자기 이사를 소개한다.
③ 임마누엘스티커: '나는 천국의 사람입니다'라고 고백하면서, 천국으로 이사할 때 하나님이 함께하실 것을 기대하며, 스스로 자아통합의 사고를 갖는다.

7. 평가 및 마무리

활동을 통해 내가 천국에 가게 될 것을 알아보시니 어떠신가요?
천국에 가면 누가 가장 좋아하실 거라고 했나요?
네, 하나님은 우리가 이 땅에서 수고하고 온 것을 다 아십니다.
우리는 천국의 사람입니다. 천국으로 이사 갈 것인데, 이 땅에서의 삶을 잘 마무리하시는 여러분 되시기를 바랍니다.
인생의 지나온 걸음들을 생각해 보면 아쉬운 점들이 있습니다.
'그때 거기 가지 말 걸 그랬나, 그때 그걸 하지 말 걸 그랬나…'
그러나 이미 지난 일은 지난 일로, 아쉬운 것은 아쉬운 대로 흐르게 두십시오.
그런 어려움 가운데서도 잘 이겨내시고, 애쓰느라 너무 수고가 많았습니다. 옆 사람에게 이야기해 주세요.
"수고했어, 그래, 잘했어."
이런 인정과 칭찬의 말을 들으시기에, 충분한 인생을 사셨습니다.
이제 천국에 가실 준비를 하셔야 하는데, 무엇을 하면 좋을까요?
가장 먼저는 믿음을 챙기시고, 다음은 조금 아쉬웠던 인간 관계, 많이 사랑해 주지 못한 자녀에게 사랑한다고 아낌없이 말해 주셨으면 합니다.

   자녀들이 원하는 것은 큰 것이 아닙니다. 이런 사랑의 말과 고백이 또 하루를 살아갈 힘이 되어 주니까요.

   다음 차시를 기대하며 귀가합니다.

[8회기] 자아통합 콘서트

8회기	자아통합 콘서트(음악치료 활동)
활동목적	1. 자아통합 콘서트를 통해서 음악 치유의 효과를 기대하며 활동에 참여하게 한다. 2. '최고의 만찬' 입덧 활동 시에 알게 된 각자의 사연 있는 음식을 먹으며 음식을 통한 치유 효과가 있게 한다. 3. 콘서트와 식사를 통해 전인적 발달을 함양한다.

자아통합 콘서트 "about LIFE" Q-Sheet		
누적시간	시간	내용
1:00	1:00	7주간 청춘대학을 완주하신 여러분 축하드립니다. 오늘은 여러분의 수료를 축하하며 감동 있는 콘서트를 준비하였습니다. 문화예술을 통해 여러분의 마음이 기쁨으로 더욱 풍성해지는 시간 되시기를 바랍니다.
5:24	4:24	Opening - (노래1) ♪ 봄날은 간다
6:00		(인사와 소개) 안녕하세요. 세대통합을 위한 콘서트를 하게 된 000 목사입니다. 오늘 저와 함께 문화예술로 자신의 삶을 돌아보며 자아통합을 이루는 귀한 시간 되시기를 바랍니다.
10:26	4:26	(노래2: 여자 일생) ♪ 황혼의 문턱-Wax 태어남부터 성장에 결혼과 가정을 이루는 모든 생애주기가 담겨있고, 변화하는 여성의 이야기가 담겨 있는 노래였습니다. 어떠세요. 여러분의 태어남은 어떠셨나요? 잠깐 그때를 생각해 보는 시간을 가져볼까요? 제가 태어났을 때 저희 부모님이 매우 기뻐하시고, 소중하게 여겨 주셨습니다. 여러분도 그러셨으리라고 생각됩니다. 또한, 내가 태어났을 때 이 세상에서 하나님이 가장 기뻐하셨습니다. 우리의 태어남은 하나님 앞에서 아주 존귀한 것이었습니다.
14:52	4:26	(노래3:가족 관계) ♪ 가족사진 - 에스지 워너비 여러분의 가족사진은 어떤 모습인가요? 결혼하고 아이가 태어나면서 찍은 가족사진이 있습니다. 지금은 그 아이가 커서 초등학생이 되었는데 너무 사랑스럽습니다. 요즘엔 가정을 이루는 것을 두려워하는 세대가 되었는데, 하나님은 우리에게 아름다운 가정을 주셨습니다. 가정은 하나님의 창조 질서에 의한 것이며, 우리는 가정 안에서 무한한 사랑과 존중, 이해를 받을 수 있습니다. 오늘 우리의 아이들에게 따뜻한 미소, 인정의 말 한번 해줄까요? 혼돈의 세대에 살고 있지만, 그 안에서 하나님의 가정을 유지하는 여러분을 응원합니다.

19:40	4:58	(노래4 부부) ♪ 백 년의 약속 - 김종한

가수 김종한 씨는 부부에 대한 노래를 많이 하셨죠.
여러분의 아내, 남편에게 일 만 마디의 말 말고 '함께 해줘서 고마워' 하시고 꼭 안아주는 선물을 드리고 싶네요. 오래오래 함께 살고 싶지만 우리는 유한한 시간 속에 살고 있습니다. 유한한 시간 속에서 누구에게도 미련이나 후회가 남지 않을 만큼 더욱 사랑하셔야 하겠습니다.

23:37	3:57	(노래5: 부부) ♪ 사랑은 늘 도망가 - 이문세
28:18	4:41	(노래6: 부부) ♪ 슬픔도 지나면 - 이문세
32:28	4:10	(노래7: 부부) ♪ 해바라기 - 박상민

부부가 서로 살 붙이고 살다가 한 분이 먼저 가시면, 남은 자의 슬픔, 외로움은 이루 말할 수 없습니다. 오늘이 얼마나 소중한지 모릅니다. 가족을 마음껏 사랑하는 시간이 되시기를 바랍니다.
유한한 인간은 하나님의 도움이 더욱 필요합니다. 고통 가운데에서도 하나님은 늘 함께 계시며 살아갈 힘을 주십니다. 먼저 가신 배우자도 있지만, 그가 남긴 우리의 자녀가 있습니다. 또한, 우리 곁에는 영원하신 하나님이 함께 계십니다. 일어날 힘을 주시고, 늘 우리를 응원하고 계십니다. 희망, 소망 잃지 마시고 하나님과 함께 날개 펴고 날아오르는 여러분 되시기를 바랍니다.

37:04	4:36	(노래9: 부부) ♪ 비상 - 임재범
40:40	3:36	(노래10: 부부) ♪ 나비 - 윤도현
44:15	3:35	(노래11: 부부) ♪ 살다 보면 - 권진원

50:25	6:10	(노래12: 아버지) ♪ 아버지 - 인순이

여러분의 아버지는 어떠셨나요?
저희 아버지는 표현에 참 서툰 분이셨던 거 같아요. 그래도 그 마음은 언제나 자식을 사랑하는 마음이 가득했음을 부모가 되어보니 알 거 같습니다. 언제나 든든한 산처럼 뒤에서 서 계셨던 거 같아요. 오늘은 아버지에게 사랑한다고 고백하는 시간을 가져 볼까요. 또한, 하나님 아버지에게도 사랑한다고 고백하시는 아름다운 시간 되시기를 바랍니다.

54:57	4:32	(노래13: 아빠 일생) ♪ 브라보 마이 라이프 - 봄·여름·가을·겨울 (아빠의 청춘)

인생에는 계절이 있습니다. 봄, 여름, 가을, 겨울이죠. 이 모든 계절에는 좋음도 있고 힘듦도 있습니다. 힘들다고 피할 수 있는 것이 아니죠.
여러분 지금 어느 계절에 계신 것 같습니까?
어느 계절에 계시든 브라보할 수 있는 멋쟁이 되시기를 바랍니다. 아빠 화이팅!!

60:03	5:06	(마무리) (노래14: 가족 관계) ♪바람의 노래 - 조용필

오늘은 생애주기를 따라 우리의 삶에 힘을 주는 노래를 불러드렸습니다. 집에 가셔서 이 노래의 가사가 생각이 난다며 충분히 느끼시고, 슬픔은 버려서 비우고, 기쁨은 충만히 채우시는 날들이 되시기를 바랍니다.
여러분은 하나님 안에서 매우 아름답고, 귀합니다. 서로를 아름답게 여기고, 충분히 사랑하는 부부, 가족 되기를 바랍니다.

61:00	4:30	Ending: **사람이 꽃보다 아름다워 - 안치환**

사연 있는 음식을 통한 "최고의 만찬"

65:30 ~		임신 활동 시 발표한 입덧과 관련 있는 사연 있는 음식을 차려놓고, 음식으로 인해 서운했거나, 억울한 마음을 헤아리며 음식을 통해 치유하는 시간을 갖는다.

9) 프로그램 요약 및 제언

본 연구는 후기 노인의 자아통합을 위한 교회 교육 프로그램을 개발하는 것에 목적이 있다. 프로그램 개발 절차는 ADDIE 모형을 따랐으며, 프로그램 개발에 목적이 있으므로 분석, 설계, 개발 3단계로 설계되었다. 구체적인 연구의 내용 및 절차를 요약하면 다음과 같다.

첫째, 우리나라의 초고령화 비율 증가세와 맞물려 교회에도 늘어난 고령 성도를 위한 교회 교육 프로그램의 필요와 요구가 증가하고 있다. 따라서, 문헌 연구를 통해 성경에 나타난 노인을 이해하고, 후기 노인의 신체적, 사회적, 심리적, 인지적 발달 특징을 이해하고, 이전에 시행되었던 교회 노인교육 프로그램 운영과 내용을 조사·분석하여 이론적 배경을 연구하였다.

그리고 후기 노인의 발달과제인 자아통합과 발달위기인 절망감에 관해 문헌 연구를 통해 고찰하였으며, 자아통합감을 도출하여 이를 긍정적으로 향상하기 위한 교회 교육 프로그램을 개발하였다.

둘째, 개발된 프로그램은 노년기 발달과제로 주어지는 자아통합 촉진을 목적으로, 스토리텔링을 통해 성경에 나타난 노인에 대해 알고, 생애주기 회상 활동을 통해 하나님과의 관계에서 자신이 살아온 삶의 의미를 가치 있게 수용하여 자아통합감을 향상하며 학습자가 스스로 목표에 도달하도록 설계하였다.

셋째, 프로그램의 전체적인 흐름을 이해하기 쉽게 학습지도안을 개발하여 제시하였다. 또한, 노인의 여가를 효율적으로 활용할 수 있는 활동으로 구성되었다. 교육시간 외의 시간에 혼자서 적용할 수 있는 음악, 미술, 원예 활동으로 구성하여 교육과 삶의 연계성을 이루도록 하였다. 따라서, 학습자는 자아통합 프로그램을 통해 전인적인 삶의 만족도가 향상되도록 설계하였다.

본 연구 과정에서 미처 다루지 못한 한계와 후속 연구를 위한 제언을 하고자 한다.

첫째, 성경에서 나타난 노인 인물 및 자아통합을 이룬 인물과 사건이 7회에 걸쳐 프로그램에 반영되었다. 구약성경은 인류 창조부터 선민의 발전 과정이 연대기별로 기술되어 있다. 특별히 한 세대가 마무리되고 다음 세대로 전환되는 부분에는 많은 인물이 자신의 삶을 회상하며 자신의 생애 속에서 함께하시고, 역사하신 하나님을 후대에게 가르치는 장면이 많다. 따라서 본 프로그램에서 다루지 못한 성경 인물과 사건을 연구하여 학습자들에게 제공할 것을 제안한다.

둘째, 학습 대상을 노인에서 가족으로 확대하여, 가족과 함께하는 자아통합 교회교육 프로그램을 개발할 것을 제안한다. 가족과 함께하는 자아통합 활동은 축소된 노인의 사회적 관계에 가족을 매개체로하여 밀도 높은 관계를 형성하여 노인의 사회적 관계의 질적 향상을 도모할 수 있다. 또한, 노인의 배우자와 자녀를 자아통합 프로그램에 대상으로 포용함으로써 노인의 죽음을 예비하게 해서 추후 도래할 장례식 이후 배우자와 자녀로 하여금 애도의 기간을 의미 있게 보내게 해주고, 애도 기간을 단축시킬 수 있을 것이라 기대한다.

셋째, 후기 노인의 성공적 노화를 형성하기 위해 자아통합만이 요구되는 것이 아니므로 자아통합 이외의 요소를 반영한 교회교육 프로그램 개발을 제안한다. 노인에게 다가올 죽음을 대비하여 자신의 삶을 하나님 안에서 정돈하고, 현재의 삶을 의미 있게 해줄 수 있는 웰빙과 웰다잉 교육을 제안한다.

넷째, 자아통합은 후기 노인만의 발달과제가 아니라 전 연령층에서 이루어져야 하는 발달과업 중 하나다. 그러므로 자아 통합을 필요로 하는 모든 성인에게 확대한 후속 연구를 제안한다

3. 팔복을 활용한 웰에이징(건강한 노화) 교회 교육 프로그램 학습지도안

본 프로그램의 목적은 팔복의 말씀을 상고함으로써 지성, 인성, 영성의 통합을 형성하여 신앙 안에서 삶의 웰에이징을 실현하는 것이다.

지성은 인간이 지적 영역에서 앎을 갖는 것이며, 인성은 성경 안에서의 성품과 도덕성을 알고, 깨닫는 것이다. 마지막으로 영성은 하나님 안에서의 지성과 인성의 통합으로, 종국에는 영성이 삶(말과 행동, 결정)으로 나타는 것을 지향한다.

기독교 교육과정이 온전히 이루어지는 시점은 단순히 지식을 습득하는 것만을 지칭하는 것이 아니다. 정보를 제공 받고, 지식을 습득하는 것은 기독교 교육과정의 출발점이며, 배운 내용이 깨달아 지고, 자신의 삶에 실제적으로 실천될 때 기독교 교육과정은 완료되었다고 볼 수 있다. 기독교 교육의 궁극적인 목표는 그리스도의 장성한 분량이 되는 것인데 이것은 평생을 통해 이루어진다. 그러므로 기독교인의 웰에이징이란 탄생 시점부터 시작되어 죽음이라는 인생의 종결 시점까지, 평생에 걸쳐 그리스도인의 성품을 갖고자 하는 끊임없이 시도하는 것을 의미한다고 할 수 있다.

예수님이 가르쳐 주신 마태복음에 기록된 팔복의 말씀으로 웰에이징 프로그램을 개발하였다. 팔복에 제시된 인성은 심령, 가난, 애통, 위로, 온유, 기업, 의, 긍휼 청결, 화평으로, 각 단어의 의미를 연구하였다. 또한, 인성을 도덕과 성품으로 구분하여 모호하게 인식하고 있던 개념과 내용을 명확히 알 수 있도록 제시하였다.

프로그램은 총 8회기에 걸쳐 팔복의 내용을 배우고, 인생 보물찾기 활동을 통해 하나님께서 약속하신 복(福)을 스스로 찾게 한다.

또한, 회차별 주제와 관련된 건강체조, 음악 활동, 미술, 원예 활동과 보물찾기 활동을 통해 선인격적으로 말씀을 받아들여 웰에이징의 삶을 실현하도록 지원하도록 설계하였다.

각 회차의 자세한 활동 내용은 회기별 학습지도안으로 제시한다. 팔복을 통한 웰에이징 프로그램은 <표-8>과 같다.

<표-8> 팔복을 통한 웰에이징 프로그램 계획안

회기		주제	보물찾기	건강체조	음악	미술/원예
1	성품	심령이 가난한 자 천국이 저희 것이요	나의 심령이 가난할 때	두피 및 안면 마사지	심령이 가난한 자	원예: 테이블 꽃꽂이
2	도덕	애통하는 자 위로를 받을 것이요	나의 마음이 애통했을 때	손가락 체조	심령이 가난한 자	미술: 탁상십자가 만들기
3	성품	온유한 자 땅을 기업으로 받을 것이요	나의 마음이 온유한 때	치매 예방 박수	일소일소 일노일노	원예: 미니정원 만들기 (구근식물)
4	도덕	의에 주리고 목 마른 자 배부를 것이요 (의=하나님)	내가 의에 주린 때	하지 근육 강화	내 영혼의 그윽히 (찬 412장)	미술: 아크릴 그림 해바라기 그리기
5	성품	긍휼히 여기는 자 긍휼히 여김 받겠네	내가 긍휼히 여긴 때	두피 및 안면 마사지	인생모경가	원예: 드라이플라워 하바리움 만들기
6	성품	마음이 청결한 자 하나님을 볼 것이요	나의 마음이 청결한 때	손가락 체조	인생모경가	미술: 봄꽃 찍기 그림
7	도덕	화평하게 하는 자 하나님의 아들이라 일컬음을 받을 것이요	내가 화평하게 한 곳	치매 예방 박수	일소일소 일노일노	원예: 하트 아이비 심기
8	도덕	의를 위하여 핍박 받는 자 천국이 저희 것이요	내가 의를 위하여 핍박 받은 때	하지 근육 강화	내 영혼의 그윽히 (찬 412장)	미술: 삶과 죽음의 데칼코마니

[1회기] 심령이 가난한 자

- 팔복 ①: 심령이 가난한 자
- 학습 목표
  - 지: 심령이 가난한 자가 무엇인지를 안다.
  - 정: 자신이 심령이 가난한 자임을 깨닫고 하나님을 경외할 마음을 갖는다.
  - 의: 내가 심령이 가난한 자임을 인정하고, 삶에 발현하고자 다짐한다.
- 성경 말씀: 마태복음 5장

1. 도입 인사 (5분)

기도로 오늘 청춘대학을 시작하겠습니다 (인도자가 대표로 기도한다). 서로 인사하는 시간을 갖겠습니다.

2. 건강체조 (10분)

* 두피 및 안면 마사지 체조
① 손가락 체조로 시작
♬ 주먹 쥐고 손을 펴서 손뼉 치고 주먹 쥐고 또 다시 펴서 손뼉 치고 두 손을 머리 위로 살랑살랑 살랑살랑 살랑살랑 살랑살랑

② 오른손 손가락을 갈고리 모양을 한 다음 정수리를 가볍게 두드린다.

③ 왼손 손가락을 갈고리 모양을 한 다음 정수리를 가볍게 두드린다.

④ 두 손을 머리에 대고 구령에 맞추어 지그시 눌러 준다.

⑤ 엄지손가락을 관자놀이에 대고 구령에 맞추어 지그시 누르면서 돌려준다.

⑥ 두 손을 10번 비빈 후, 손바닥을 눈에 대고 지그시 눌러 준다.

⑦ 손가락 끝을 안구 주변 뼈를 눌러주며 마사지한다.

⑧ 손가락 끝을 모아 입술 주변(잇몸 자극)을 톡톡 두드려준다.

⑨ 손가락 끝으로 턱관절을 가볍게 마사지해 준다.

3. 음악 활동

* 준비물: 악보, 기타, 피아노

성경의 팔복 말씀 구절을 토대로 만들어진 찬양입니다. 긴 문장 전체를 짧은 시간에 외우기는 쉽지 않습니다.

하지만, 곡조가 있는 가사를 외우면 매우 효과적으로 말씀 구절을 외울 수 있습니다. 또한, 찬양은 곡조 있는 기도라고 하였습니다. 기도하는 마음으로 찬양을 불러보겠습니다.

* 음악에 맞추어 음률 활동을 한다.
① 심령이 가난한 자는
② 내 안에 부어 주소서 (3분, 리조이스)
③ 천국은 마치 (3분)

4. 성경 말씀 연구

* 심령이 가난한 자에게 주시는 복: 천국

심령은 헬라어 πνευμα(프뉴마)로, 마음과 관련됩니다.

가난함은 히브리어 'יִנָע'(ani, 아니) 로 '비참한 상황에 있는 사람'을 가리키는데(레 23:22), 예수님은 가난한 자들이 천국을 소유하는 축복을 받게 될 것이라고 말씀하셨습니다.

즉, 심령이 가난한 자는 어떠한 상황 속에서도 하나님만 의지하는 자를 가리키는 말이며, 하나님은 심령이 가난한 자에게 천국을 선물로 주신다는 것입니다.

5. 보물찾기

오늘 본문의 말씀을 다시 한번 읽어보겠습니다.

나의 삶에서 나의 마음이 너무나도 비참해서 심령이 가난한 순간으로 돌아가 보도록 하겠습니다.

그 순간은 언제, 어떠한 일을 만났을 때인가요?

그때 하나님이 여러분의 생각과 마음을 붙잡아 주시고, 그 상황을 이겨낼 힘을 불어 넣어주셨습니다. 비참한 상황에서 일어나는 당신을 보시며 하나님은 여러분을 대견해 하셨습니다.

또한, 다른 사람이 심령이 가난한 상황이 놓였을 때 도움을 줄 수 있는 사람으로 당신을 세워 주셨습니다.

이제 마음이 어려운 이웃, 형제, 자녀, 가족에게 하나님의 천국을 전할 때가 되었습니다.

6. 미술/원예 활동

* 테이블 꽃꽂이 만들기
* 준비물: 화기, 오아시스, 칼, 꽃 가위, 생화, 쇼핑백, 생화
① 오아시스를 조각하여 화기 안에 넣는다.
② 오아시스에 십자가 표시를 한다.
③ 중앙에 큰 꽃을 꽂아서 중심을 잡는다.
④ 사방에 꽃을 꽂아 구도를 잡는다.
⑤ 중심 꽃 옆으로 소재를 꽂아 마무리한다.

* 심령이 가난한 때를 잘 지나온 나에게 축복의 꽃바구니를 만들어 선물해 보아요. 자신을 토닥이며, "잘했어"라고 격려해 주세요.

7. 마무리

오늘 팔복 첫 번째 시간 어떠셨나요?

세상의 모든 사람은 심령이 가난할 때를 경험하게 됩니다. 물론 다양한 상황으로 다가오지만, 심령이 가난하여 비참한 감정을 느끼는 것은 동일합니다. 심령이 가난한 상황은 누구나에 일어날 수 있는 일입니다.

그러나 마음이 가난한 상황을 이기고 마음이 비참하지 않을 방법은 바로 하나님의 천국을 소유하는 것입니다. 멀리는 저 높은 천국이며, 가깝게는 이 땅에 살면서 천국을 경험하는 것입니다.

우리는 모두 심령이 가난한 자입니다. 그러므로 하나님의 천국과 위로가 필요합니다. 오늘 하나님께 한 발자국 다가서는 여러분 되시기를 기도합니다. 다음주에 만나요.

[2회기] 애통하는 자

- 팔복 ②: 애통하는 자
- 학습 목표
  - 지: 애통하는 자가 무엇인지를 안다.
  - 정: 자신이 애통한 자가 되어 하나님의 위로를 기다리는 마음을 갖는다.
  - 의: 내가 하나님을 찾고자 애통하는 자임을 고백한다.
- 성경 말씀: 마태복음 5장

1. 도입 인사 (5분)

기도로 오늘 청춘대학을 시작하겠습니다 (인도자가 대표로 기도한다).
서로 인사하는 시간을 갖겠습니다.

2. 건강체조 (10분)

* 손가락 체조
① 오른손을 구령에 맞추어 주먹 쥐고, 주먹 펴기를 한다.
② 구령에 맞추어 왼손을 주먹 쥐고, 주먹 펴기를 한다.
③ 양손가락 끝을 서로 맞대어 손끝박수를 한다.
④ 오른손을 갈고리처럼 구부러서 징수리를 두드리며 미시지한다.

※ (건강 상식) 말초 신경인 손가락의 혈액 순환을 도와주는 활동으로 노인에게 혈관 건강의 중요성을 가르치고, 상기시켜 준다.

3. 음악 활동

* 음악에 맞추어 음률 활동을 한다.
① 심령이 가난한 자는
② 내 안에 부어주소서 (3분)
③ 천국은 마치 (3분)

4. 성경 말씀 연구

* 애통하는 자에게 주시는 복: 위로

애통하는 것은 약하여 슬피 울고 있는 상태를 말합니다. 애통은 슬픔의 강도가 가장 높은 단계, 자신의 연약함으로 어떠한 것으로도 해결될 수 없어 온 마음과 정신이 슬픈 상태입니다.

이런 자에게 하나님은 위로를 주신다고 하십니다. 위로의 히브리어 נחם(nahan, 나함) 은 '위로하다, 동정하다'의 뜻으로, 누가복음에서는 이 동사가 '간구하다' (마 8:31; 눅 7:4) 바울서신에서는 '권면하다' (롬 12:1; 빌 4:2; 살전 4:1) 의 의미로 사용되었습니다.

애통하는 자에게 주어진 축복은 위로의 때가 온다는 약속입니다. 고난과 슬픔은 하나님의 위로하심으로 충족됩니다.

나아가 '위로하다'라는 말은 '구원하다'라는 의미까지 내포합니다 (사 61:1-3). 하나님이 그 백성을 위로한다고 했을 때 모든 억압과 고통에서 해방해 주며, 죽음에서 구원받는 것까지 내포합니다.

5. 보물찾기

애통함이란 슬피 울고 있으며, 슬픔의 강도가 가장 높을 때입니다.

내 인생에서 애통한 때로 되돌아가 볼까요?
그 순간은 언제, 어떠한 일을 만났을 때인가요?
그때 애통하는 나에게 주신 하나님의 보물은 무엇이었나요?

애통의 그 순간 하나님이 여러분의 생각과 마음을 붙잡아 주시고, 그 상황에서 위로해 주셨습니다.
하나님의 위로를 얻은 여러분은 더이상 그 일에서 억울하고, 슬프고 애통한 자가 아닙니다. 하나님께서 당신의 슬픔이 변하여 기쁨이 되게 하여 주십니다. 또한, 다른 사람이 애통한 상황이 놓였을 때 도울 수 있는 사람으로 당신을 세워 주셨습니다.
이제 마음이 슬픈 이웃, 형제, 자녀, 가족에게 하나님의 위로를 전할 때가 되셨습니다.

6. 미술 활동

 * 포푸리 향 주머니 만들기
 * 포푸리, 아로마 향, 주머니
 ① 포푸리에 아로마 향을 뿌린다.
 ② 포푸리를 주머니에 넣는다.
 ③ 십자가를 달아서 마무리한다.

7. 마무리

　오늘 팔복 두 번째 시간 어떠셨나요?
　세상의 모든 사람은 애통한 때를 만나게 됩니다. 물론 다양한 형태의 상황으로 다가오지만 슬픈 감정을 느끼는 것은 동일합니다. 그러나 마음이 애통한 상황에서 하나님은 위로를 주신다고 하셨습니다.
　우리는 모두 애통함을 가진 자입니다. 그러므로 하나님의 온전한 위로가 필요합니다. 오늘 하나님께 한 발자국 다가서는 여러분 되시기를 기도합니다. 다음주에 만나요.

[3회기] 온유한 자

- 팔복 ③: 온유한 자
- 학습 목표
  - 지: 온유한 자가 무엇인지를 안다.
  - 정: 자신이 온유한 자가 되고자 하는 마음을 갖는다.
  - 의: 심령이 온유한 자가 되어 하나님의 자녀로 일컬음 받는 자가 되도록 다짐한다.
- 성경 말씀: 마태복음 5장

1. 도입 인사 (5분)

기도로 오늘 청춘대학을 시작하겠습니다 (인도자가 대표로 기도한다).
서로 인사하는 시간을 갖겠습니다.

2. 건강체조 (10분)

* 치매 예방 박수
  ① 주먹 쥐고 박수 4번
  ② 손가락 끝 박수 4번
  ③ 손바닥 박수 4번
  ④ 손목 박수 4번

※ (건강 상식) 노인성 치매에 대해 인지하고, 예방을 위해 말초 신경을 자극하는 운동을 권면한다.

3. 음악 활동

* 음악에 맞추어 음률 활동을 한다.
① 심령이 가난한 자는
② 일소일소 일노일노
③ 내 안에 부어주소서 (3분)
④ 천국은 마치 (3분)

4. 성경 말씀 연구

* 온유한 자에게 주시는 복 (땅, 기업)

온유의 히브리어 עָנָו (ana, 아나우)는 '가난한, 비천한'이라는 뜻으로, 구약에서 '온유한 사람'(עָנִי, 아니)은 곤궁과 슬픔 속에서 겸손하게 여호와의 도움을 바라는 자를 말합니다 (시 40:17; 사 41:17).

온유한 사람은 어떤 부당한 환경 속에서도 겸손하게 하나님만을 의지하며 이웃을 위해 자신을 내어 주는 사람입니다 (마 6:38-48). 성경은 온유함의 대표적인 인물로 예수님을 묘사하고 있습니다. 즉, 성경에서 말하는 '온유함'은 헬라의 사상처럼 인간의 타고난 성품이 아니라, 예수 안에서 변화된 새로운 성품을 뜻합니다.

온유한 자가 받게 되는 기업은 구원론적이면서 종말론적인 개념을 지니고 있는데, 약속의 땅을 기업으로 차지한다는 구약의 개념은 그 최초의 정황을 넘어서서 그리스도 안에서 성취된 하나님 나라와 미래에 있을 종말의 최종적 성취까지 연결됩니다.

　예수 그리스도를 본받아 자신의 권리를 포기하고 기꺼이 남을 위해 희생하는 온유한 자는 없어질 땅이 아니라 영원히 없어지지 않을 새 땅, 곧 하나님 나라를 기업으로 받게 됩니다.

5. 보물찾기

　온유함이란 예수 안에서 변화된 성품으로 어떠한 상황에서도 하나님의 도움을 구하는 상태입니다. 내 인생에서 기질적으로 타고난 성품과 다르게 삶을 살아가는 동안 겪는 역경 속에서 하나님의 도움을 구했던 때를 찾아보겠습니다.

　예수 안에서 온유한 때는 언제, 어떠한 일을 만났을 때인가요?

　그때 온유함을 실천하면서 얻은 보물은 무엇이었나요?

　온유함을 나타내는 것 자체가 하나님을 의지하는 사람의 가장 대표적인 모습입니다. 온유함을 지닌 자는 하나님의 땅을 기업으로 받는다고 약속하셨습니다. 그것은 바로 영생을 소유하는 자가 되는 것입니다.

　인생을 살면서 많은 재물을 가진다고 하여도 끝내 죽음 앞에서는 세상에서 값어치 있다고 했던 것들은 그 아무것도 귀한 것이 없습니다.

　생명과 죽음 앞에서 인간에게 가장 값진 것은 바로 우리가 생명을 다하는 그 순간에 깨닫는 진리입니다. 그 진리란 하나님의 창조 섭리에 따라 천국의 사람이 되는 것입니다.

6. 원예 활동 – 미니정원 만들기

* 준비물: 구근식물, 상토, 깔망, 마사토, 숟가락
① 구근 화분의 흙을 살짝 털어낸다.
② 화분 바닥에 깔망을 깐다.
③ 상토를 1/3을 넣는다.
④ 구근식물의 키를 고려하여 구도를 잡는다.
⑤ 흙을 채우고, 마사토를 마감한다.

7. 마무리

오늘 팔복 세 번째 시간 어떠셨나요?
세상 모든 것을 다 가져도 하나님이 없으면 가진 것이 아니고, 세상 모든 것을 가지지 못했다 하더라도 하나님을 가졌다면 우리의 인생은 하나님의 섭리대로 기업을 성취한 것입니다.
오늘 하나님께 한 발자국 다가서는 여러분이 되시기를 기도합니다.
다음주에 만나요.

[4회기] 의에 주리고 목마른 자

- 팔복 ④: 의에 주리고 목마른 자
- 학습 목표
  - 지: 성경이 말하는 의가 무엇인지 안다.
  - 정: 자신이 하나님에 대하여 알고자 하는 마음을 갖는다.
  - 의: 항상 하나님께 대하여 겸손한 자세를 갖도록 다짐한다.
- 성경 말씀: 마태복음 5장

1. 도입 인사 (5분)

기도로 오늘 청춘대학을 시작하겠습니다 (인도자가 대표로 기도한다).
서로 인사하는 시간을 갖겠습니다.

2. 건강체조 (10분)

* 하지 근육 강화
① 의자에 앉아, 두 손을 지지한다.
② 오른쪽 다리를 올려 꼬는 자세를 한다.
③ 완전히 꼬지 말고, 꼬기 직전에 푼다.
④ 왼쪽 다리도 똑같이 운동한다.

※ (건강 상식) 노인에게 하지 근육 건강의 인대와 근육 강화의 중요성을 가르치고, 상기시켜 준다.

3. 음악 활동

* 음악에 맞추어 음률 활동을 한다.
① 내 영혼의 그윽히 깊은 데서 (찬송가 412장)
② 심령이 가난한 자는
③ 일소일소 일노일노
④ 내 안에 부어주소서 (3분)
⑤ 천국은 마치 (3분)

4. 성경 말씀 연구

* 의에 주리고 목마른 자에게 주시는 복: 배부름

'의'로 번역된 헬라어 δικαιοσύνη (디카이오쉬네)는 하나님 앞에서 인간이 취해야 할 올바른 태도로, 어떠한 유혹에도 불구하고 하나님의 뜻에 순종하고 복종하는 자세를 말합니다.

그러므로 '의'란 윤리적인 의미에서 인간의 올바른 자세를 말합니다. '주리고 목마른' 자는 무언가를 열렬히 갈망한다는 의미를 가집니다. 그러므로 의에 주리고 목마른 사람이란 하나님의 뜻에 철저히 순종하고자 하며, 의로운 삶을 살기 위해 고민하고 노력하는 사람이라고 할 수 있습니다.

의를 위해 사는 사람은 핍박과 억압에 신음하면서도 오직 하나님의 나라를 위해 헌신하는 자들입니다.

의에 주리고 목마른 자는 궁극적으로 배부름을 얻습니다.

하나님은 그분의 의를 갈망하며, 그 뜻대로 행하는 자를 충분히 먹고 만족하게 해주신다고 하셨습니다. 이 만족은 오직 하나님이 다스리시는 나라에서 가능합니다. 하나님의 공의가 실현되는 나라, 곧 영원한 하나님의 나라가 임할 때, 의를 갈망하는 자들은 진정한 배부름을 누리게 될 것입니다.

5. 보물찾기

성경에서 말하는 '의'란 하나님의 뜻(말씀, 명령)에 순종하는 태도입니다.

세상을 살다 보면 하나님의 말씀과 다른 태도를 마주할 때가 있습니다. 이럴 때 우리는 선택을 해야 합니다.

하나님의 말씀을 따를 것인가, 하나님의 뜻은 잠시 접어두고 세상이 원하는 대로 행동해야 하는가?

하나님의 말씀을 지키고자 의를 위해 행동하면서 주변의 사람들에게 핍박을 받은 적이 있나요?

어떠한 상황이었는지 설명해 주세요.

그 상황 중에 하나님은 나의 인생에 어떻게 역사하셨나요?

그때 받은 배부름의 보물은 무엇이었나요?

6. 미술/원예 활동

* 탁상 십자가 만들기

* 십자가 틀, 사포, 유성 매직

① 십자가 기본 모형을 사포질하여 부드럽게 만든다.
② 구도를 생각하여 유성 매직으로 채색한다.
③ 마무리한다.

7. 마무리

오늘 팔복 네 번째 시간 어떠셨나요?

하나님을 경외한다는 것은 두렵고 떨리는 마음으로 그분의 말씀을 순종한다는 것입니다. 또한, 인생을 살면서 하나님의 말씀을 지키며, 행동하는 것입니다. 하나님의 말씀을 따르는 일은 때론 사회 생활, 인간관계의 걸림돌처럼 여겨질 때가 있습니다.

그러나 마음을 돌이켜 하나님의 말씀에 온전히 순종하는 자들의 삶의 통해 하나님의 이름이 빛나게 됩니다. 그것이 바로 나의 삶을 통해 하나님을 영화롭게 하는 것입니다.

나의 삶을 통해 찬란히 빛나실 하나님을 묵상하며 내 인생에 하나님이 주신 보물을 찾고, 하나님을 더욱 깊이 아는 여러분이 되시기를 바랍니다.

다음주에 만나요.

[5회기] 긍휼히 여기는 자

- 팔복 ⑤: 긍휼히 여기는 자
- 학습 목표
  - 지: 긍휼히 여기는 자가 무엇인지 안다.
  - 정: 타인을 긍휼히 여기려는 마음을 갖는다.
  - 의: 타인에게 긍휼한 마음을 실천하고자 다짐한다.
- 성경 말씀: 마태복음 5장

1. 도입 인사 (5분)

기도로 오늘 청춘대학을 시작하겠습니다 (인도자가 대표로 기도한다). 서로 인사하는 시간을 갖겠습니다.

2. 건강체조 (10분)

* 두피 및 안면 마사지 체조
① 손가락 체조로 시작
♬ 주먹 쥐고 손을 펴서, 손뼉 치고 주먹 쥐고, 또다시 펴서 손뼉 치고, 두 손을 머리 위로, 살랑살랑 살랑살랑 살랑살랑 살랑살랑
② 오른손 손가락을 갈고리 모양을 한 다음 정수리를 가볍게 두드린다.

③ 왼손 손가락을 갈고리 모양을 한 다음 정수리를 가볍게 두드린다.
④ 두 손을 머리에 대고 구령에 맞추어 지그시 눌러 준다.
⑤ 엄지손가락을 관자놀이에 대고 구령에 맞추어 지그시 누르면서 돌려준다.
⑥ 두 손을 10번 비빈 후 손바닥을 눈에 대고 지그시 떼다.
⑦ 손가락 끝을 안구 주변 뼈를 눌러주며 마사지한다.
⑧ 손가락 끝을 모아 입술 주변(잇몸 자극)을 톡톡 두드려준다.
⑨ 손가락 끝으로 턱관절을 가볍게 마사지해 준다.

3. 음악 활동

* 음악에 맞추어 음률 활동을 한다.
① 인생 모경가
② 심령이 가난한 자는
③ 일소일소 일노일노
④ 내 안에 부어주소서 (3분)
⑤ 천국은 마치 (3분)

4. 성경 말씀 연구

* 긍휼히 여기는 자에게 주시는 복: 긍휼히 여김을 받음

긍휼, ἐλεέω(엘레에오)는 '불쌍히 여기다'라는 뜻으로 '자비로운, 동정심이 있는' 의미가 있습니다. 구약에서는 히브리어 'חסד'(헤세드)가 이에 해당하며, '자비, 긍휼, 인자'의 의미입니다.

즉, 긍휼은 인간의 고통스러운 현실에 하나님의 자비를 부여하는 것을 말합니다. 공관복음에 나타난 인간이 인간에게 베푸는 긍휼(자비)은 단순히 동정심 같은 감정이 아니라, 선을 베푸는 적극적이고 구체적인 행위를 가리킵니다.

하나님께서는 당신의 백성들에게 긍휼을 베푸셨듯이, 그리스도인은 이웃에게 적극적으로 긍휼을 베풀기를 원하신다고 선지자들은 말했습니다(잠 3:3; 호 4:1; 미 6:8; 슥 7:9). 하나님의 나라는 '지금'의 성격을 띠고 있지만, 궁극적으로 종말 심판 때에 완성됩니다. 하나님께서는 마지막 심판 날에 긍휼을 베푼 자를 기억하시고, 긍휼로 갚아 주시며 영원한 구원으로 이끄실 것입니다(마 6:14-15).

5. 보물찾기

성경에서 말하는 긍휼은 타인을 불쌍히 여기며, 자비로운, 동정심을 가진 마음입니다.

긍휼의 마음을 가지고 선을 베풀고, 적극적이며 구체적인 행동을 한 적이 있나요?
그때는 언제였나요?
어떠한 일이었나요?
이웃에게 긍휼의 마음을 베풀면서 얻은 보물은 무엇이었나요?

긍휼한 마음은 하나님께서 인간에 먼저 베풀어 주시며 가르쳐 주신 마음입니다. 하나님께서는 다른 사람을 긍휼히 여기는 자는 긍휼히 여김을 받을 것이라고 했습니다.

우리의 인생은 늘 강하지도, 늘 약하지도 않습니다. 늘 부요하지도, 늘 가난하지도 않습니다. 우리가 타인을 하나님의 마음으로 긍휼히 여긴다면, 나도 타인으로부터 긍휼히 여김을 받을 수 있다는 것은 하나님 말씀의 놀라운 비밀입니다.

6. 미술·원예 활동

* 드라이플라워 하바리움 만들기: 보존 기능이 있는 특수용액 속에 드라이플라워나 프리저브드 플라워를 담가 보관하는 기법
① 드라이플라워를 유리병에 들어갈 크기를 생각하여 가위로 잘라 구성한다.
② 드라이플라워를 유리병에 넣는다.
③ 종이컵에 하바리움 용액을 담아 유리병에 천천히 부어 준다.
④ 유리병 속에 들어있는 드라이플라워를 핀셋을 이용하여 구성한다.

7. 마무리

오늘 팔복 다섯 번째 시간 어떠셨나요?
하나님의 긍휼을 먼저 받은 자는 긍휼을 타인에게 실천할 수 있습니다.
또한, 우리의 인생은 타인을 긍휼히 여기는 자였다가, 타인으로부터 긍휼히 여김을 받기도 하고, 타인으로부터 긍휼히 여김을 받다가 타인을 긍휼히 여기기도 합니다.

이를 통해 모두가 긍휼의 은혜를 누리게 되는 복을 갖는 것입니다.

오늘 팔복을 묵상하면서 내 인생에 하나님이 주신 긍휼의 보물을 찾고, 하나님을 더욱 깊이 아는 여러분 되시기를 바랍니다.

다음주에 만나요.

[6회기] 마음이 청결한 자

- 팔복 ⑥: 청결한 자
- 학습 목표
  - 지: 마음이 청결한 자가 무엇인지 안다.
  - 정: 마음이 청결한 자가 되고자 하는 마음을 갖는다.
  - 의: 마음이 청결하여 하나님을 만나고자 하는 사모함을 갖는다.
- 성경 말씀: 마태복음 5장

1. 도입 인사 (5분)

기도로 오늘 청춘대학을 시작하겠습니다 (인도자가 대표로 기도한다).
서로 인사하는 시간을 갖겠습니다.

2. 건강체조 (10분)

* 손가락 체조
① 오른손을 구령에 맞추어 주먹 쥐고, 주먹 펴기를 한다.
② 구령에 맞추어 왼손을 주먹 쥐고, 주먹 펴기를 한다.
③ 양손가락 끝을 서로 맞대어 손끝박수를 한다.
④ 오른손을 갈고리처럼 구부려서 정수리를 두드리며 마사지한다.
※ (건강 상식) 말초 신경인 손가락의 혈액 순환을 도와주는 활동으로

노인에게 혈관 건강의 중요성을 가르치고, 상기시켜 준다.

3. 음악 활동

* 음악에 맞추어 음률 활동을 한다.
① 인생 모경가
② 심령이 가난한 자는
③ 일소일소 일노일노
④ 내 안에 부어주소서 (3분)
⑤ 천국은 마치 (3분)

4. 성경 말씀 연구

* 마음이 청결한 자에게 주시는 복: 하나님을 보게 됨

마음은 'καρδία' (카르디아)로 '심령'을 뜻하는 'πνευμα' (프뉴마)와 유사한 의미가 있으며, 히브리어 'לב' (레브)와 'לבב' (레바브)의 번역어로 사용됩니다 (단 2:30).

καρδία(마음, 카르디아)는 지적 및 의지적, 영적 (종교적)인 생활을 포함한 인간 생활의 중심지를 뜻하며, 또한 καρδία(마음, 카르디아)는 인간의 사고와 이해의 자리 (知, 마 7:21; 요 12:40; 행 8:22), 갖가지 감정들 (情, 요 16:6; 롬 10:1; 고후 7:3), 의지의 자리 (意, 행 11:23; 고후 9:7)로서 하나님을 향해 나가는 신앙의 중심지입니다.

즉, 마음은 신앙의 뿌리이며 도덕적 행위를 결정하는 곳입니다 (눅 16:15; 롬 5:5; 엡 3:17; 골 3:22; 살전 3:13).

마음이 청결하다는 것은 인간의 생각과 의지를 하나님께로 향하게 하고, 인격을 하나님의 뜻에 초점을 맞추는 것이며, 마음이 청결한 자는 더러운 죄와 우상을 멀리하고 오직 하나님의 뜻을 향해 변하지 않는 마음으로 살아가는 사람입니다.

그런 사람은 하나님을 보는 영광을 얻게 됩니다. 즉, 마음이 청결한 자가 얻는 복은 하나님과의 친밀하고도 완전한 만남을 의미합니다.

5. 보물찾기

성경에서 말하는 마음은 어디에 있을까요?

마음은 바로 인간 그 자체입니다. 지성과 인성, 영성이 있는 그 중심은 바로 마음입니다. 이 마음은 인간만이 가지고 있는 고유한 특성입니다.

신앙생활을 하면서 하나님의 보기 원한다는 것은 무엇일까요?

그것은 하나님을 경험하고자 하는 마음입니다.

하나님을 인격적으로 만난 때는 언제인가요?

어떠한 상황에서 하나님을 인격적으로 만나셨나요?

6. 미술/원예 활동

* 봄꽃 찍기 그림 그리기

준비물: 검은 도화지, 색연필, 물감, 면봉

① 좋아하는 봄꽃에 관해 이야기를 나눈다.

② 봄꽃을 스케치한다.

③ 색연필로 스케치 바탕을 채색한다.

④ 면봉으로 물감을 찍어 꽃을 표현한다.

7. 마무리

오늘 팔복 여섯 번째 시간 어떠셨나요?

마음이 청결하다는 것은 인간의 생각과 의지를 하나님께로 향하게 하고, 인격을 하나님의 뜻에 초점을 맞추는 것입니다. 세상에는 우리의 마음을 하나님에게서 멀어지도록 하는 것들이 아주 많습니다. 미워하는 마음, 시기, 질투, 비교 등등 이러한 것들을 떨쳐 버리고, 오롯이 하나님께만 마음을 두는 여러분이 되시기를 기도합니다.

오늘 팔복을 묵상하면서 내 인생에 하나님이 주신 보물을 찾고, 하나님을 더욱 깊이 아는 여러분이 되시기를 바랍니다.

다음주에 만나요.

[7회기] 화평하게 하는 자

- 팔복 ⑦: 화평케 하는 자
- 학습 목표
  - 지: 화평케 하는 자가 무엇인지 안다.
  - 정: 이웃과 화평케 하고자 하는 마음을 갖는다.
  - 의: 이웃과 화평하여 삶으로 하나님께 영광을 돌리는 자가 될 것을 다짐한다.
- 성경 말씀 : 마태복음 5장

1. 도입 인사 (5분)

기도로 오늘 청춘대학을 시작하겠습니다 (인도자가 대표로 기도한다).
서로 인사하는 시간을 갖겠습니다.

2. 건강체조 (10분)

* 치매 예방 박수
① 주먹 쥐고 박수 4번
② 손가락 끝 박수 4번
③ 손바닥 박수 4번
④ 손목 박수 4번

※ (건강 상식) 노인성 치매에 대해 인지하고, 예방을 위해 말초 신경을 자극하는 운동을 권면한다.

3. 음악 활동

* 음악에 맞추어 음률 활동을 한다.
① 인생 모경가
② 심령이 가난한 자는
③ 일소일소 일노일노
④ 내 안에 부어주소서 (3분)
⑤ 천국은 마치 (3분)

4. 성경 말씀 연구

* 화평케 하는 자에게 주시는 복: 하나님의 아들이라 불림
'화평'의 헬라어 εἰρήνη(에이레네)는 '평화'를 뜻하는 말입니다. εἰρήνη는 히브리어 שלום (샬롬)의 개념을 이어 받아 '온전함'이라는 의미를 지닙니다.

'평화를 만드는 사람들'이라는 표현은 그리스도인의 매우 적극적인 자세를 말합니다.

하나님의 나라는 사람들 속에서 올바른 조화를 세운다는 의미에서 의와 평강이며(롬 14:17), 교회는 평화를 누리도록 부름을 받았습니다(고전 7:15).

'하나님의 아들'이라는 칭호는 구약에서 언약 관계를 나타내는 표현으로, 구원론적인 관계를 묘사하는 용어입니다. 아버지와 아들의 관

계는 인간관계 중 가장 친밀한 관계로, 하나님과 밀접한 사귐의 관계를 갖는 사람을 '하나님의 아들'이라고 부릅니다.

또한, '일컬음을 받을 것이요'는 미래형으로 인류 종말에 가서 비로소 진정한 하나님의 아들로서 영광을 누리게 될 것을 암시합니다. 이러한 신적 복의 약속은 신자들이 현재 처한 곳에서 평화를 만드는 사명을 감당하도록 합니다(골 3:15). 그러므로 신자는 하나님의 영광을 드러내는 삶을 살아야 합니다.

5. 보물찾기

성경이 '화평케 하는 자'는 주변을 평화롭게 만드는 자입니다.

내 인생을 살면서 굉장히 전쟁같이 요동치는 상황에서 평화를 선포하며, 유지한 경험이 있으신가요?

어떤 상황이었는지 설명해 주세요.

6. 미술/원예 활동

* 하트 아이비 심기
① 화분에 깔망을 깔고 흙을 조금 채운다.
② 아이비를 포트에서 분리하여 화분에 넣는다.
③ 주변 흙을 채우고, 마감토를 얹는다.
④ 하트 틀을 지지대로 꽂아 준다.

7. 마무리

오늘 팔복 일곱 번째 시간 어떠셨나요?

화평케 하는 자는 평화를 만드는 사람입니다.

여러분들은 동네에서, 교회에서, 마을에서, 가족 안에서 어떤 사람으로 불리고 싶으신가요?

"우리 권사님을 보면 하나님을 보는 듯합니다. 우리 권사님 주변은 늘 즐거워, 밝아, 행복해."

이런 말을 듣는 사람은 주변을 화평케 하며 평화를 만드는 자의 삶을 사는 것입니다. 주변의 사람과 평화를 누리는 사람을 보면서 보는 사람들은 "아! 저분은 하나님의 사람이구나!"라고 말한다는 것입니다.

우리 권사님, 장로님 모두 자녀와 친족, 마을에서, 교회에서 만나는 모든 사람에게 화평한 자로의 칭호를 받으시는 분들 되시기를 기도합니다.

오늘 팔복을 묵상하면서 내 인생에 하나님이 주신 보물을 찾고, 하나님을 더욱 깊이 아는 여러분 되시기를 바랍니다.

다음주에 만나요.

[8회기] 의를 위하여 핍박 받는 자

- 팔복 ⑧: 의를 위하여 핍박 받는 자
- 학습 목표
  - 지: 본문이 말하는 의가 무엇인지 안다.
  - 정: 하나님의 말씀을 지키고자 하는 마음을 갖는다.
  - 의: 세상으로부터 핍박 받는 자가 되더라도 말씀을 지키고자 하는 마음을 다짐한다.
- 성경 말씀: 마태복음 5장

1. 도입 인사 (5분)

기도로 오늘 청춘대학을 시작하겠습니다 (인도자가 대표로 기도한다).
서로 인사하는 시간을 갖겠습니다.

2. 건강체조 (10분)

* 하지 근육 강화
① 의자에 앉아, 두 손을 지지한다.
② 오른쪽 다리를 올려 꼬는 자세를 한다.
③ 완전히 꼬지 말고, 꼬기 직전에 푼다.
④ 왼쪽 다리도 똑같이 운동한다.

※ (건강 상식) 노인에게 하지 근육 건강의 인대와 근육 강화의 중요성을 가르치고, 상기시켜 준다.

3. 음악 활동

* 음악에 맞추어 음률 활동을 한다.
① 내 영혼의 그윽히 깊은 데서 (찬송가 412장)
② 심령이 가난한 자는
③ 일소일소 일노일노
④ 내 안에 부어주소서 (3분)
⑤ 천국은 마치 (3분)

4. 성경 말씀 연구

* 의를 위하여 핍박 받는 자에게 주시는 복: 천국

의는 지금까지 언급한 일곱 개의 복의 선언에 나오는 사람들의 삶의 태도를 말합니다. 하나님의 말씀을 따라 사는 자들에게는 세상의 핍박이 따르게 마련입니다. 그리스도인은 하나님 나라에 대한 전적인 신뢰와 헌신이 핍박의 원인이 됩니다 (마 10:22; 21:32). 그리스도인은 세상 풍조에 타협하지 않고 하나님의 말씀에 따라 살아가는 사람들은 세상으로부터 구별된 삶을 살 수밖에 없습니다.

그리스도인은 세상의 삶의 태도와 타협할 수 없으며, 그리스도를 따르는 제자들은 세상 풍조에 순응하지 않고 진리를 수호하고 복음을 전파해야 하는 사명을 가진 자들입니다. 핍박 속에서도 하나님의 의를 포기하지 않는 자들에게는 천국이 그들의 것으로 선언됩니다.

마태복음 5장 13절은 믿는 자들을 세상의 소금이라고 지칭합니다. 신자들은 하나님 나라의 백성으로 부름을 받은 순간부터 이미 세상의 소금이 되는 것입니다. 소금은 생명을 유지하는 데 필수 불가결한 요소로서 생활필수품 중 하나로, 방부제 역할을 하여 통증을 완화시키는 의약품으로, 희생 제물의 부패와 방지를 위해 사용되었습니다. 이렇듯 소금은 인간의 생명을 유지하며, 살리는 데 사용됩니다.

그러므로 그리스도인을 소금에 비유한 것은 예수의 제자들이 이웃의 생명을 살리고 나아가 온 우주가 예수의 생명으로 가득 차도록 특별히 부름을 받은 존재들임을 가르쳐 주는 것입니다(살전 4:7).

5. 보물찾기

성경에서 말하는 '의'란 하나님의 뜻(말씀, 명령)에 순종하는 태도입니다. 세상을 살다 보면 하나님의 말씀과 다른 태도를 마주할 때가 있습니다.

이럴 때 우리는 선택해야 합니다. 하나님의 말씀을 따를 것인가 아니면 하나님의 뜻은 잠시 접어두고 세상이 원하는 대로 행동해야 하는가입니다.

하나님의 말씀을 지키고자 의를 행동하면서 주변의 사람들이 핍박을 받는 적이 있나요?

어떠한 상황이었는지 설명해 주세요.

그 상황 중에 하나님은 나의 인생이 어떻게 역사하셨나요?

그때 받은 배부름의 보물은 무엇이었나요?

성경은 하나님의 말씀을 지키기 위해 기꺼이 핍박을 감수하는 자에게 하나님이 배부름을 주실 것이라는 약속을 하셨습니다. 말씀을 지키기 위해 잠시 고난을 받으나, 하나님은 이 모든 것을 주관하시면서 종국에는 의를 위하여 핍박 받는 자에게 배부름을 주신다는 것입니다.

하나님은 언제나 나의 삶 속에서 역사하시면서 우리를 돌보아 주시면서 하나님 안에서 배부름을 허락하신다는 것입니다.

6. 미술/원예 활동

* 데칼코마니 그리기
* 준비물: 물감, 도화지, 풀
① 천국의 내 집을 상상하며 반쪽 집을 그린다.
② 집 주변 풀, 꽃등을 표현한다.
③ 도화지를 반으로 접어 문질러 준다.
④ 도화지를 펼쳐서 건조한다.
⑤ 캔버스에 부착하여 작품을 완성한다.

7. 마무리

오늘 팔복 여덟 번째 시간 어떠셨나요?

예수님이 가르쳐 주신 팔복은 이 땅에서 천국의 삶을 소망하며, 이 땅에서도 하나님의 사람으로서 복을 충분히 누리기를 원하시는 하나님의 가르침입니다.

긴 인생을 살면서 아주 많은 일이 있었고, 사건들이 있었습니다. 그 안에서 하나님은 언제나 우리가 하나님의 사람됨을 가지고 살기를 원하신 것입니다. 때로는 하나님의 사람됨으로 사는 것이 쉽지 않을 때도 있지만, 하나님을 믿기로 한 사람은 하나님의 사람으로서의 복을 누리며 살아야 합니다.

인생을 살면서 모두가 만나는 일상에서 하나님을 만나고, 찾고, 경험한 복이 충만하기를 기도합니다. 팔복을 묵상하면서 내 인생에 하나님이 주신 보물을 찾고, 하나님을 더욱 깊이 아는 여러분 되시기를 바랍니다. 팔복의 말씀이 여러분의 삶에 살아 역사하는 놀라운 일이 늘 충만하시기를 기도합니다.

부록1

자아통합감 척도[1]

▶ 1점: 전혀 그렇지 않다 2점: 그렇지 않다 3점: 보통이다 4점: 그렇다 5점: 매우 그렇다

번호	문항	점수
1	대체로 나는 지금의 나 자신에 만족한다.	
2	나는 이 세상에서 못다 한 일이 많아 한스럽다.	
3	막상 늙고 보니, 모든 것이 젊었을 때 생각했던 것보다 낫다	
4	요즈음 나는 나 자신을 발전시키려는 노력을 포기했다.	
5	인생은 의미 있고 살 가치가 있는 것이다.	
6	내가 늙었다고는 느끼나, 그것이 나를 괴롭히지는 않는다.	
7	나는 죽은 사람을 보는 것이 두렵지 않다.	
8	나이든 지금도 나는 여전히 가치 있는 삶을 살고 있다.	
9	나는 다른 사람과 친밀감을 느낄 수 있다.	
10	노인의 지혜나 경험은 젊은이들에게 도움이 된다.	
11	나의 앞날은 암담하고 비참하게 느껴진다.	
12	나는 죽는 것이 두렵고 원망스럽다.	
13	지금이 내 인생에서 가장 지루한 때이다.	
14	나는 지금 젊었을 때와 마찬가지로 행복하다.	
15	남을 위해 봉사하는 일이 나에게는 매우 보람을 준다.	
16	나는 내 자신이 지긋지긋하다.	

---

1 한국노인상담연구소, 『노인심리척도집』(서울: 학지사, 2021), 38-9.

17	늙는다는 것은 무기력하고 쓸모없어 지는 것이다.
18	지나온 평생을 돌이켜 볼 때, 내 인생은 대체로 만족스러운 것이었다.
19	나는 현재 살고 있는 곳이 마음에 든다.
20	나는 일생 동안 최선을 다해왔다.
21	나는 때때로 내 자신이 쓸모없는 사람이라는 생각이 든다.
22	내 인생이 이렇게 된 것은 운이 나빴기 때문이다.
23	나이가 들수록 모든 것이 점점 더 나빠진다.
24	인생을 다시 살 수 있는 기회가 주어진다 해도 살아온 대로 다시 살겠다.
25	늙고 무기력해지느니 차라리 죽는 것이 낫겠다.
26	나는 대체로 인생에서 실패했다고 느낀다.
27	내세에 대한 문제가 몹시 나를 괴롭힌다.
28	나는 적어도 다른 사람만큼 가치 있는 사람이다.
29	요즈음 나는 늙고 지쳤다고 느낀다.
30	나는 내 인생이 이렇게 된 데에 대해 가슴 아프게 생각한다.
31	나는 일생동안 운이 좋은 편이었고 그것에 감사한다.

*역문항

자아통합감 척도 분석

하위요인	문항번호 및 질문
1 현재 생활에 대한 만족 (현재 만족)	1 대체로 나는 지금의 나 자신에 만족한다. 2 나는 이 세상에서 못다 한 일이 많아 한스럽다. 5 인생은 의미 있고 살 가치가 있는 것이다. 18 지나온 평생을 돌이켜 볼 때, 내 인생은 대체로 만족스러운 것이었다. 22 내 인생이 이렇게 된 것은 운이 나빴기 때문이다. 26 나는 대체로 인생에서 실패했다고 느낀다. 30 나는 내 인생이 이렇게 된 데에 대해 가슴 아프게 생각한다. 31 나는 일생동안 운이 좋은 편이었고 그것에 감사한다.
2 지나온 일생에 대한 수용 (과거 수용)	19 나는 현재 살고 있는 곳이 마음에 든다. 20 나는 일생동안 최선을 다해왔다. 24 인생을 다시 살 수 있는 기회가 주어진다 해도 살아온 대로 다시 살겠다.
3 지혜로운 삶 (지혜의 삶)	4 요즈음 나는 나 자신을 발전시키려는 노력을 포기했다. 8 나이든 지금도 나는 여전히 가치 있는 삶을 살고 있다. 10 노인의 지혜나 경험은 젊은이들에게 도움이 된다. 15 남을 위해 봉사하는 일이 나에게는 매우 보람을 준다. 21 나는 때때로 내 자신이 쓸모없는 사람이라는 생각이 든다. 25 늙고 무기력해지느니 차라리 죽는 것이 낫겠다. 28 나는 적어도 다른 사람만큼 가치 있는 사람이다.
4 노화에 대한 수용 (노화 수용)	3 막상 늙고 보니, 모든 것이 젊었을 때 생각했던 것보다 낫다. 6 내가 늙었다고는 느끼나, 그것이 나를 괴롭히지는 않는다. 14 나는 지금 젊었을 때와 마찬가지로 행복하다. 17 늙는다는 것은 무기력하고 쓸모 없어지는 것이다.
5 죽음에 대한 수용 (죽음 수용)	7 나는 죽은 사람을 보는 것이 두렵지 않다. 12 나는 죽는 것이 두렵고 원망스럽다. 27 내세에 대한 문제가 몹시 나를 괴롭힌다.
6 생애 대한 태도 (생애 태도)	9 나는 다른 사람과 친밀감을 느낄 수 있다. 11 나의 앞날은 암담하고 비참하게 느껴진다. 13 지금이 내 인생에서 가장 지루한 때이다. 16 나는 내 자신이 지긋지긋하다. 23 나이가 들수록 모든 것이 점점 더 나빠진다. 29 요즈음 나는 늙고 지쳤다고 느낀다.

부록3

노인 우울 척도[1]

▶ 최근에 기분이 어떠한지 답하여 주시기 바랍니다.

노인 우울 척도	① 예	② 아니오
1. 기본적으로 자신의 생활에 만족한다.		
2. 전에 하던 취미생활이나 활동을 많이 중단했다.		
3. 생활이 공허하다고 느낀다.		
4. 흔히 지루하게 느낀다.		
5. 보통 기분이 좋은 상태이다.		
6. 앞으로 불행한 일이 생길 것을 염려한다.		
7. 대부분의 경우 행복하다고 느낀다.		
8. 흔히 자신이 무력하다고 느낀다.		
9. 밖에 나가서 새로운 일을 하는 것보다 집에 있는 것을 더 좋아한다.		
10. 다른 사람보다 더 기억력에 문제가 있다고 생각한다.		
11. 살아 있는 것이 행복한 일이라고 생각한다.		
12. 자신이 가치 없는 인생이라고 생각한다.		
13. 힘이 넘치는 상태이다.		
14. 자신의 상태가 희망이 없는 상태라고 느낀다.		
15. 다른 사람들이 당신보다 나은 상태라고 생각한다.		

● 설문 내용 중 15개 항목의 합계가 5점 이상은 우울 상태, 10점 이상은 항상 우울한 것으로 치료를 요합니다.

---

1 한국노인상담연구소, 『노인심리척도집』, 156.

부록 4

경도인지장애 척도

▶ 치매 초기 증상 8가지에서 확장된 15가지 문항의 설문을 통해 경도인지장애 여부를 확인 할 수 있습니다.

경도인지장애 척도	아니다 0점	가끔 1점	자주 2점
1. 오늘이 며칠이고, 무슨 요일인지를 잘 모른다.			
2. 자기가 놔 둔 물건을 찾지 못한다.			
3. 같은 질문을 반복해서 한다.			
4. 약속을 하고 잊어버린다.			
5. 물건을 가지러 갔다가 잊어버리고 그냥 온다.			
6. 물건이나 사람의 이름을 대기가 힘들어 머뭇거린다.			
7. 대화 중 내용이 이해되지 않아 반복해서 물어본다.			
8. 길을 잃거나 헤맨 적이 있다.			
9. 예전에 비해서 계산 능력이 떨어진다.			
10. 예전에 비해 성격이 변했다.			
11. 이전에 잘 다루던 기구의 사용이 서툴러졌다.			
12. 예전에 비해 방이나 집안의 정리 정돈을 하지 못한다.			
13. 상황에 맞게 스스로 옷을 선택하여 입지 못한다.			
14. 혼자 대중교통 수단을 이용하여 목적지에 가기 힘들다.			
15. 내복이나 옷이 더러워져도 갈아입지 않으려 한다.			

● 설문 내용 중 15개 항목의 점수 합계가 8점 이상일 경우 경도인지장애를 의심해 볼 수 있다.

부록 5

프로그램 만족도 설문지

자아통합 프로그램 만족도 조사

이 설문조사는 자아통합 프로그램을 참여한 어르신을 대상으로 그동안 실시된 프로그램에 대해 만족하시는지에 대해 알아보기 위한 조사입니다. 향후 어르신들을 위한 프로그램 개발 및 계획을 위한 귀중한 자료로 쓰여질 예정입니다.

감사합니다.

1. 귀하의 성별은?

   ① 남자
   ② 여자

2. 귀하의 연령은?

   ① 71-75세
   ② 76-80세
   ③ 81-85세
   ④ 86세-90세
   ⑤ 90세 이상

3. 이 프로그램에 참여하게 된 동기는 무엇인가요?

① 목사님 권유
② 사모님 권유
③ 친구소개
④ 배우고 싶어서
⑤ 기타 (   )

4. 이 프로그램의 이용에 관한 세부 질문입니다.

평가문항	1점	2점	3점	4점	5점
1. 프로그램 내용이 교육적으로 유익하였습니까?					
2. 프로그램 시간은 적절하였습니까?					
3. 진행 강사는 프로그램을 성실하게 지도하였습니까?					
4. 프로그램 활동에 만족감은 어떠하나요?					
5. 과거의 삶을 수용하는 데 도움이 되었나요?					
6. 현재의 삶을 만족하는 데 도움이 되었나요?					
7. 미래의 나를 받아들이는 데 도움이 되었나요?					
8. 다음에 유사한 프로그램 있을 시 참여하시겠습니까?					
9. 프로그램 참여하면서 좋았던 부분이 있다면 적어 주세요.					
10. 아쉬운 점이나 개선해야 할 점이 있다면 적어 주세요.					

전문가 타당도 평가 설문지

후기 노인의 자아통합을 위한 교회 교육 프로그램의 개발에 관한 전문가 타당화 검사

안녕하십니까. 저는 한국침례신학대교 일반대학원의 기독교 교육 석사과정 재학생입니다. 석사 학위 수여 논문 주제로 후기 노인의 자아통합을 위한 교회 교육 프로그램을 개발하였습니다. 프로그램에 대한 전문가의 평가를 의뢰하오니 프로그램의 타당성 및 유용성에 대해 수정·보완 평가 의견을 부탁드립니다.

한국침례신학대학교 일반대학원 기독교 교육 전공 이명희 배상

▶ 전문가 평가단 정보

이 름		전 공	
소 속		직 위	
연구경력			

▶ 프로그램 평가는 5개 영역(설명력, 타당성, 유용성, 이해도, 보편성)으로 이루어지며, 각 영역 별 5점 만점 기준으로 '1점:매우 그렇지 않다'~'5점:매우 그렇다'로 해당 점수의 숫자를 기입하고, 종합 의견을 기입해 주시기 바랍니다.

영역	내용	점수 (5점 만점)
설명력	이 프로그램은 후기노인 자아통합을 위한 교회 교육 프로그램 개발하기 위한 설계과정을 명확하게 설명하고 있다.	
타당성①	이 프로그램은 후기노인 자아통합을 위한 교회 교육 프로그램의 개발을 위한 원리가 타당하게 제시되어 있다.	
타당성②	이 프로그램은 후기노인 자아통합을 위한 교회 교육 프로그램 개발을 위한 절차 및 활동을 타당하게 제시하고 있다.	
유용성	이 프로그램은 후기노인 자아통합을 위한 교회 교육 프로그램을 개발할 때, 유용하게 활용될 수 있다.	
이해도	이 프로그램은 후기노인 자아통합을 위한 교회 교육 프로그램 개발을 위한 설계 절차 및 활동을 분명하게 이해할 수 있도록 제시하고 있다.	
보편성	이 프로그램은 교회 현장에서 후기노인 자아통합을 위한 교회 교육 프로그램을 개발할 때, 보편적으로 적용될 수 있다.	
종합의견		

부록7

나의 책

나는 ___ 년 __ 월 ___ 일
_____ 에서 태어났어요.
나는 _____ 로 태어났어요.

임마누엘스티커
붙이는 곳

애들아.
나는 그때가 제일 예뻤던 거 같아.
_____

임마누엘스티커
붙이는 곳

결혼을 하였어요.

나의 신랑은

_____ 사람이었어요.

임마누엘스티커

붙이는 곳

아이를 가졌어요.
입덧 음식 다들 있죠?
나의 입덧 음식은
_____ 입니다.

임마누엘스티커
붙이는 곳

아이를 낳았어요.

나는 엄마가 되었지요.

(자녀 이름) _____

임마누엘스티커

붙이는 곳

내가 이겨낼 수 없는 고난 속에 살고 있어요.
그것은

_____

임마누엘스티커

붙이는 곳

아버지 집으로 이사갈 준비를 해요.

_____

임마누엘스티커
붙이는 곳

_____ 아(야), 어서 오너라.
어떻게 살았니?

예수님 저는

_____
_____
_____
_____ 살았습니다.

부록8

임마누엘스티커

1) 탄생	2) 청년	3) 결혼
내가 태어났을 때 하나님이 함께 계셨어요. 그리고 매우 기뻐하셨어요.	내가 가장 예뻤을 때 하나님이 함께 계셨어요. 그리고 나를 매우 예뻐하셨어요.	내가 결혼을 할 때 하나님이 함께 계셨어요. 다복한 가정을 이루어 주셨어요.
4) 임신	5) 출산	6) 고난
내가 아이를 가졌을 때 하나님이 함께 계셨어요. 아이가 건강하게 태어나길 기대하셨어요.	내가 아이를 낳았을 때 하나님이 함께 계셨어요. 아름다운 가정을 이루는 것을 기대하셨어요.	내가 인생의 고통 속에 있을 때 하나님이 함께 계셨어요. 너무 고민하지 마. 네 잘못이 아니야.
7) 미래 (죽음, 천국이사)		
나는 천국의 사람입니다. 그곳에서 하나님이 나를 기다리고 계세요.		

보물찾기 활동지 - 팔복의 보물을 찾아서

심령이 가난한 자

● 심령이 가난한 때는 언제였나요?

● 어떤 상황이었는지 설명해 주세요.

● 인생 보물찾기 (심령이 가난한 때 하나님으로부터 받은 보물은 무엇이었나요?)

애통하는 자

- 심령이 애통한 때는 언제였나요?

- 어떤 상황이었는지 설명해 주세요.

- 인생 보물찾기 (심령이 애통한 때 하나님으로부터 받은 보물은 무엇이었나요?)

온유한 자

- 심령이 온유한 때는 언제였나요?

- 어떤 상황이었는지 설명해 주세요.

- 인생 보물찾기 (심령이 온유한 때 하나님으로부터 받은 보물은 무엇이었나요?)

의에 주리고 목마른 자

- 심령이 의에 주린 때는 언제였나요?

- 어떤 상황이었는지 설명해 주세요.

- 인생 보물찾기(심령이 의에 주린 때 하나님으로부터 받은 보물은 무엇이었나요?)

긍휼히 여기는 자

● 긍휼히 여긴 때는 언제였나요?

● 어떤 상황이었는지 설명해 주세요.

● 인생 보물찾기 (긍휼히 여긴 때 하나님으로부터 받은 보물은 무엇이었나요?)

마음이 청결한 자

● 마음이 청결한 때는 언제였나요?

● 어떤 상황이었는지 설명해 주세요.

● 인생 보물찾기 (마음이 청결한 때 하나님으로부터 받은 보물은 무엇이었나요?)

화평케 하는 자

● 화평케 한 때는 언제였나요?

● 어떤 상황이었는지 설명해 주세요.

● 인생 보물찾기 (화평케 한 때 하나님으로부터 받은 보물은 무엇이었나요?)

의를 위하여 핍박 받는 자

● 핍박 받은 때는 언제였나요?

● 어떤 상황이었는지 설명해 주세요.

● 인생 보물찾기 (핍박 받은 때 하나님으로부터 받은 보물은 무엇이었나요?)

참고자료

1. 단행본

강상경.『인간행동과 사회환경』. 서울:학지사, 2021.
강병도.『창세기. 카리스 종합주석 1』. 서울: 기독지혜사, 2009.
_____.『출애굽기. 카리스 종합주석 9』. 서울: 기독지혜사, 2009.
_____.『신명기. 카리스 주석 18』.서울: 기독지혜사, 2009.
_____.『여호수아. 카리스 종합주석 21』. 서울: 기독지혜사, 2009.
_____.『여호수아. 카리스 종합주석 22』.서울: 기독지혜사, 2009.
_____.『누가복음. 카리스 종합주석 6』. 서울: 기독지혜사, 2009.
기영화.『노인교육의 실제』. 서울: 학지사, 2011.
노은석.『기독교 교육 다잡기』. 대전: 이화, 2014.
박경호.『기독교 평생 교육론』. 서울: 기독교문서선교회. 2014.
박민영.『지금, 또 혐오하셨네요』. 서울: 북트리거, 2020.
박은숙 외.「교육 방법 및 교육공학」. 서울 : 학지사, 2015.
박행님.『기독교 가정생활 교육』. 서울: 달빛, 2022.
분당서울대병원 노인의료센터.『노인을 위한 치료 백과』. 서울: 알에이치코리아, 2022.
서상목.『노인자살위기개입 설명서』. 경기: 경기복지재단, 2009.
송선희 외 7명.『새로 쓴 노인교육론』. 서울: 신정, 2016.
심영옥 외 2명.『행복한 삶을 위한 노인 미술 교육의 이론과 실제』. 서울: 창지사, 2020.
엄원식.『구약신학』. 대전: 침례신학대학교 출판부. 2002.
이석철.『기독교 성인 사역론』. 대전: 침례신학대학교출판부, 2008.
_____.『교육으로 목회를 보다: 통합적 교육목회론』. 대전: 침례신학대학교 출판부, 2012.
이성도 외.『미술 교육의 이해와 방법』.서울: 예경, 2013.
이시형.『신인류가 몰려온다』. 서울: 특별한서재, 2022.
전산초·최영희,『노인 간호학』.서울: 수문사, 1985.
정미경 외 3인.『효과적인 수업을 위한 교육 방법 및 교육공학』. 경기: 공동체, 2020.
정옥분.『발달심리학』. 서울: 학지사, 2019.
_____.『발달심리학: 전 생애 인간 발달』. 서울: 학지사, 2021.
_____.『성인·노인 심리학 3판』. 서울: 학지사, 2023.
정옥분 외 2명.『애착과 발달』. 서울: 학지사, 2023.

정옥분·정순화.『결혼과 가족』. 서울: 학지사, 2021.
정현숙.『가족생활 교육』. 서울: 신정, 2022.
한경희.『원예 치료의 이론과 실제』. 용인: 노스보스, 2020.
한정란.『노인교육론: 노인을 위한, 노인에 관한, 노인에 의한 교육』. 서울: 학지사, 2015.
한정선 외.『21세기 교사를 위한 교육 방법 및 교육공학』. 서울: 교육과학사, 2014.
Anthony A. Hoekema.『개혁주의 인간론』. 류호준 역. 서울: 기독교문서선교회, 1996.
Andrew E·Hill, John H. Walton.『구약개론』. 엄성옥 외 역. 서울: 은성, 2001.
Bruce Litchfield· Nellie Litchfield.『기독교 상담과 가족치료 다이제스트』. 정성준 역. 경기: 도서출판 예수전도단, 2010.
Donald Capps.『100세 시대를 준비하는 열 번의 성장』. 오은규 역. 서울: 학지사, 2021.
Erik H. Erikson·Joan M. Erikson.『인생의 아홉 단계』. 송제훈 역. 서울: 교양인, 2023.
Erik H. Erikson.『유년기와 사회』. 송제훈 역. 경기: 연암서가, 2020.
Gospel Serve.『라이프 성경 사전』. 서울: 생명의말씀사, 2007.
Horst G. Pohlmann.『교의학』. 이신건 역. 서울: 한국신학연구소, 2010.
Louise Aronson.『나이 듦에 관하여』. 최가영 역. 서울:㈜로크미디어, 2021.
Margaret Zipse Kornfeld,『공동체 돌봄과 상담』. 정은심·최창국 역. 서울: 기독교문서선교회, 2013.
James D. Smart.『교회의 교육적 사명』. 장윤철 역. 서울: 대한기독교 교육협회, 1960.
James Packer.『하나님을 아는 지식』. 정옥배 역. 서울: 한국기독학생출판부, 1996.
Karel Capek.『정원가의 열두 달』. 배경린 역. 서울: 펜연필독약, 2019.
Mary B. Carlsen. *Creative aging: a meaning-making perspective.* NY: W·W·Noton & Company, 1996.
Michael J. Anthony.『기독교 교육학 사전』. 한국복음주의실천신학회 역. 서울: 기독교문서선교회, 2010.
Michael Fink·Ross West. *Teaching Adults the Bible.* Nashville: Convention Press, 1991.
Osterhaus James·Denney James.『부모로부터 받은 상처 치유』. 이석철·박행님 역. 대전: 하기서원, 2018.
Ricahard Niebuhr.『그리스도와 문화』. 김재준 역. 서울: 대한기독교서회, 1987.
Robert W. Pazmino.『교사이신 하나님』. 조혜정 역. 서울: 크리스챤출판사, 2005.
_____.『기독교 교육의 기초』. 박경순 역. 서울: 디모데, 2004.
Roger Shinn. *The Educational Mission of Our Church,* Boston. Philadelphia: United Church Press. 1962.
Stanley J. Grenz.『조직신학』. 신옥수 역. 고양: 크리스챤다이제스트, 2003.
Shaun Mcniff.『통합예술치료 역사와 이론과 실제』. 윤혜선 역. 파주: 한국학술정보: 이담Books, 2014.
T. B. Maston.『성서 그리고 현대가정』. 이석철 역. 서울: 요단출판사, 1994.
W. Hugh Missildine.『몸에 밴 어린 시절』. 이석규·이종범 역. 서울: 가톨릭출판사, 2014.

2. 정기간행물

김명식. "정년제, 연령 차별주의, 웰에이징." 생명연구. 58 (2020): 25-45.
김경호. "웰에이징: 노년의 삶에 대한 여헌 장현광의 성찰." 동양고전연구 49 (2012): 109-136.
김두리 외. "국내 웰에이징 연구에 대한 통합적 문헌고찰." 한국산학기술학회논문지. 22/3 (2021): 190-198.
김은혜. "한국교회의 노인교육 과제와 전망": 171-91.
김정석·조현연. "인구 고령화 시대. '생산적 노화' 담론에 대한 비판적 검토." 사회과학연구 24/2 (2017): 7-28.
고용수. "교회 교육의 신학적 기초". 기독교 교육 학국기독교 교육학회 편 서울: 대한기독교 교육협회, 1992.
공동영·이신숙. "교회 중심 노인대학의 활성화와 발전 방향에 관한 연구." 지역발전연구 14/1 (2016): 1-34.
김미란·한정란. "노년기 교육 참여 동기 및 만족도에 따른 생활만족도." 노년교육연구. 1/1 (2015): 19-35.
김은혜. "한국교회의 노인교육 과제와 전망." 기독교 교육정보 11집 (2005): 171-191.
김인규·김남원. "생애통합 집단상담 프로그램의 지역 사회 실시 사례 연구." 상담학연구: 사례 및 실제 5권 (2020): 63-74.
김정석·조현연. "인구고령화 시대, 생산적 노화 담론에 대한 비판적 검토." 사회과학 연구 24권 (2017): 7-28.
남병두. "기독교, 문화 그리고 역사–교회와 문화의 관계."『문화를 알면 교육이 보인다』. 대전: 침례신학대학교 출판부. 2003.
노은석. "청소년 문화와 기독교 교육." 허긴 편.『문화를 알면 교육이 보인다』. 대전: 침례신학대학교, 2003.
백정민. "노인의 신체적 여가활동과정에서 나타난 생산적 노화 메커니즘 분석". 한국체육과학회지 27/4 (2018): 25-35.
안지언. "도시공동체 속 노년기 문화예술 활동을 통한 '창의적 나이 듦' 가능성 연구: 생애전환 사례를 중심으로". 문화산업연구 23/2 (2023): 22-33.
양영자. "후기 노인들의 역사 경험에 대한 생애사 연구". 한국사회복지학 61/3 (2009): 255-81.
윤라미·박윤미. "경증치매노인과 배우자를 위한 예술치유 프로그램 제안." 한국콘텐츠학회논문지. 22권 7번. 370-383.
오인근. "기독노인의 영적안녕 감이 성공적 노화에 미치는 영향."「복음과 실천 59」(2017. 봄): 381-409.
이미란. "노인의 건강성과 자아통합감의 영향 경로에서 가족 지지 매개효과". 한국콘텐츠학회논문지. 12/12 (2012): 280-290.
이판석·이외승. "교회 노인대학 운영사례 연구." 사회복지 경영연구 9/1 (2022): 179-202.
문준희·김영숙. "치매 노인의 자아통합감과 스트레스에 대한 수영전념치료 효과성 연구: 스트레스 매개 효과 검증" 사회과학 담론과 정책 13권 (2020): 245-270.
배영숙. "노인이 지각한 사회적 지지와 자아통합감에 관한 연구." 성인 간호학회지 5 (1993): 18-32.
백정민. "노인의 신체적 여가활동과정에서 나타난 생산적 노화 메커니즘 분석." 한국체육과학회지 27권 (2018): 25-35.
안지언. "도시공동체 속 노년기 문화예술활동을 통한 '창의적 나이 듦' 가능성 연구: 생애전환 사례를 중심으로." 문화산업연구 23권 (2023): 22-33.
양영자. "후기노인들의 역사경험에 대한 생애사 연구." 한국사회복지학 61권 (2009): 255-281.

윤라미·박윤미. "경증치매노인과 배우자를 위한 예술치유 프로그램 제안." 한국콘텐츠학회논문지 22권 (2022): 370-383.
이미란. "노인의 건강성과 자아통합감의 영향경로에서 가족지지 매개효과." 한국콘텐츠학회논문지 12 (2012): 280-290.
이석철. "기독교 성인교육 주제로서의 일과 여가."「복음과 실천 63」(2019): 255-283.
_____. "성인교육 프로그램 개발의 기본 개념과 유형들."「복음과 실천 37」봄호; 253-282.
이은영. "초고령 사회에서 에이징-테크와 웰-에이징의 공존성 연구; 노년의 인문학과 제론테크놀로지를 중심으로." 인간과 자연. 4/1 (2023): 101-124.
장동수. "지상최대명령 연구."「복음과 실천 29」(2002, 봄), 53-80.
장동수. "기독교 세계관." 허긴 편.『대학생을 위한 영성·인성·지성.』대전: 침례신학대학교 출판부, 2003.
장병주. "웰빙지향행동, 웰에이징, 여가태도 및 삶의 질에 관한 연구: 관광기업 이용객을 중심으로". 동북아관광연구, 14/2 (2018): 23-47.
장성옥 외. "노인의 자아통합감 개념 분석." 대한간호학회지 34권 (2004): 1172-1183.
장성옥 외. "한국 노인의 자아통합감 측정도구 개발을 위한 연구." 대한간호학회지 37권 (2007): 334-342.
장혜경. "재가 노인의 자아통합감에 영향을 미치는 요인." 기본간호학회지 18권 (2011): 529-537.
정정희. "노인학대(문제) 예방을 위한 사회복지적 안정망의 확보방안-2018.3.13.「노인복지법」개정을 중심으로". 법이론실무연구 2023. 02. 11/ 1, 309-34.
채경수. "노인 복지에 대한 음악치료의 접근." 한국노인 복지학회 춘계학술대회 자료집 (2004): 5-18.
최말옥·박혜령. "노인 생활 만족도 및 자아존중감과 우울감에 대한 집단 음악 프로그램 효과성 비교연구." 한국노인 복지학회, 노인 복지연구 27. 303-324, 2005.
한은희 외. "노인 우울증 환자에서 선택적 세로토닌 재흡수 억제제, 세로토닌 노르에피네프린 재흡수 억제제가 우울증상, 통증 그리고 신체증상에 미치는 효과 비교." 정신신체의학 28(2020): 72-80.
R. J. Havighurst, Successful aging. The Gerontologist 1. (1961): 4-7.
R. Schulz·J. Heckhausen, A Life span model of successful aging. American Psychologist. 51(7). (1996). 702-14.

3. 미간행물

강은주. "충남 소도시 노인의 평생교육에 대한 요구 분석." 석사 학위 논문. 공주교육대학교 교육대학원. 2016.
고경옥. "한국침례교 노인대학을 위한 효과적인 프로그램." 석사 학위 논문. 침례신학대학교 신학대학원. 1995.
김계명. "목회자 아내의 전인적 안녕 증진을 위한 글쓰기 치료 모델." 박사 학위 논문. 침례신학대학교 일반대학원. 2012.
김정순. "노인의 사회적 활동과 자아통합감에 관한 연구." 박사 학위 논문. 이화여자대학교 대학원. 1989.
김주영, "노인의 행복감과 자아통합감 증진을 위한 통합예술치료 프로그램 적용 연구." 박사 학위 논문. 동덕여자대학교 대학원. 2021.

서문진희. "교회노인대학 참여의 효과성에 관한 연구- 대전대흥침례교회 에녹대학을 중심으로." 석사 학위 논문. 침례신학대학교 사회복지대학원. 2004.

심정자. "노인의 자아통합감 증진을 위한 의미치료 프로그램 개발." 박사 학위 논문. 서울불교대학원대학교 상담심리학과. 2015.

이영인. "크리에이티브 에이징 노인교육 프로그램 개발과 효과성 검증을 위한 통합연구." 박사 학위 논문. 고신대학교 대학원. 2020.

장선영. "여성 노인의 자아통합감에 영향을 미치는 요인: 대전광역시 서구를 중심으로." 석사 학위 논문. 침례신학대학교 사회복지대학원. 2009.

조은아. "예술 참여를 통한 크리에이티브 에이징: '잠재적 참여 집단'에 대한 실행연구를 중심으로." 석사 학위 논문. 홍익대학교 대학원. 2020.

편수빈. "노인의 뇌 활성 및 인지 기능 향상을 위한 원예 활동의 효과." 석사 학위 논문. 건국대학교 농축대학원. 2019.

4. 기타자료

국가통계포털 홈페이지. https://kostat.go.kr/. 2023년 10월 16일 접속.

기독교한국침례회 홈페이지. 2021년 교세현황분석. 2022년 11월 21일 접속. http://www.koreabaptist.or.kr.

중앙일보. 2023년 7월 20일 접속.
https://news.koreadaily.com/2017/05/19/life/leisure/5277254.html.

엘더호스텔. 홈페이지 https://www.roadscholar.org/, 2023년 7월 23일 접속.

국가인권위원회 정책교육국 사회인권과. 노인인권종합보고서. 서울: 국가인권위원회. 2018.

윤동. "노인 싫어하는 청년들, 고령사회 두려움 탓?". 아주경제. 2020년 1월 14일. https://www.ajunews.com/view/20200114101723544.

보건복지부 장관. 노인학대 현황보고서 가이드북 (보건복지부 노인정책과·중앙노인정부보호기관. 2022)

전정보. "노인자살률 OECD 압도적 1위…준비 안된 초고령 사회." 헬스조선, 2023년 1월 31일.
https://health.chosun.com/site/data/html_dir/2023/01/31/2023013101761.html.